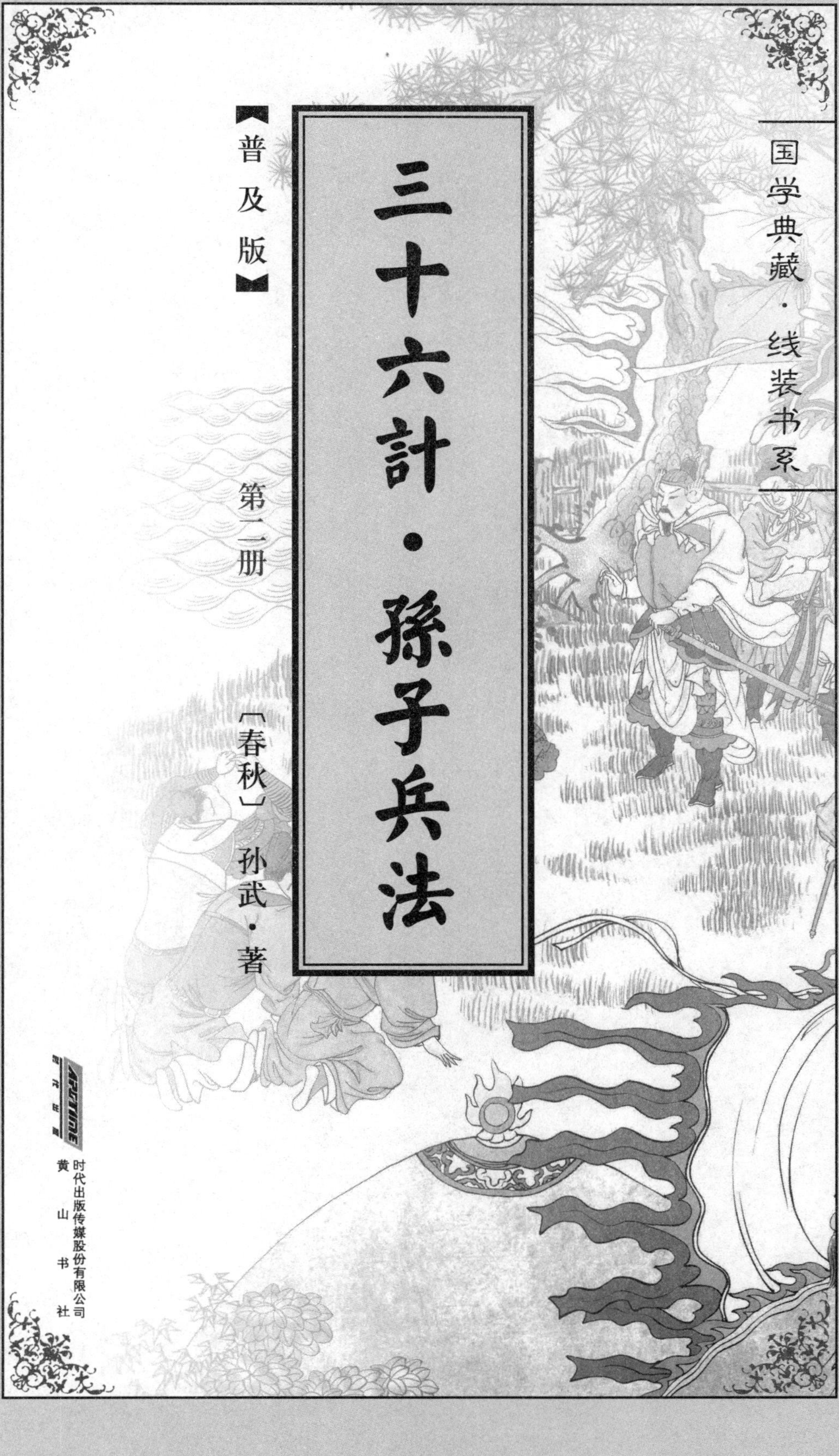

国学典藏·线装书系

三十六計·孫子兵法

【普及版】

第二册

〔春秋〕孙武·著

时代出版传媒股份有限公司
黄山书社

第十三计　打草惊蛇

原文

疑以叩实①，察而后动②。复者，阴之媒③也。

按语

敌力不露，阴谋深沉，未可轻进，应遍探其锋④。兵书云：『军旁有险阻、潢井⑤、葭苇、山林、翳荟⑥者，必谨复索之，此伏奸之所也。』

注释

①疑以叩实：疑，有疑点；叩，打探，询问。有疑点就打探清楚。实，确实。②察而后动：察，弄明白。弄明白后再行动。③阴之媒：阴，阴谋，计划；媒，媒介，指必要条件。发现阴谋的条件。④探其锋：探，侦察，打听；锋，兵器锐利的部分，也指前锋。此处指敌人部队实力。⑤潢井：积水池。陂塘水池。⑥翳荟：翳，遮蔽；荟，草多的样子。草木丛生之处。

译文

有了疑点就要打探确实，等到弄明白以后再行动。

根据复卦原理：反复侦察敌人的动向，是发现敌人阴谋的必要手段。

（按语）敌人的实力如果不暴露，必定隐藏着深沉的计谋。这时不可轻举妄动，应当广泛地侦察敌人主力部队的情况。兵书上说：『行军的两旁，如果有险峻的山地或关隘、坑池水网、芦苇树林以及野草丛生的地方，必须谨慎地反复搜索，这些都是敌人有可能设下埋伏的地方。』

经典事例

宋太祖一石三鸟

后周大将赵匡胤陈桥兵变，登上皇位，建立了大宋王朝。宋朝初年，北汉与辽国勾结，而且后周旧将李筠等拥兵占据西潞州，且和北汉、辽等早有来往，对宋朝造成了很大威胁。

公元960年，宋太祖审时度势，在宋、李筠、北汉、辽四方的政治势力角逐中，便以激变李筠，而后征讨，以惊北汉、辽国等敌手，且削夺其外围势力（实为政治盟友的李筠）。致使通过激怒之法『打草』（伐李筠），达到既惊慑北汉、辽国『敌蛇』，又除掉边镇之患的多重目的。事情是这样的：

建隆元年四月，宋太祖诏令原后周昭义军节度使、太原人李筠加官为宋朝廷中书令。当朝廷使者到达潞州时，李筠当即打算拒绝诏命。只是左右官员恳切劝谏，才请进太祖派来的使者，设置酒宴奏起音乐，随后又取出周太祖画像悬挂在厅堂墙壁，流泪不止。宾客僚佐惶恐惊惧，告诉使者说：『令公醉酒有失常态，请不要见怪。』北汉国王睿宗刘钧听说此事，就用蜡封密信交给李筠共同起兵，李筠长子李守节此时哭泣劝谏，但李筠却不听。

宋太祖听闻李筠的种种表现，一方面用亲笔诏书安慰招抚，另一方面又召李守节进京为皇城使。而李筠则趁机派遣李守节入朝观察动静，太祖迎面对李守节说：『太子，你为什么缘故前来？』李守节惶恐四顾，用头碰地说：『陛下怎么这样说？此必定有说坏话的人在离间臣父和陛下的关系。』太祖说：『我听说你多次劝谏，但你父亲不听，所以他派遣你来，想让我杀你罢了。你回去告诉你父亲，我没有做天子的时候，任凭你自己作为；我既然做了天子，你难道不能稍微让我一点吗？』李守节驱马飞驰回去报告李筠，李筠于是命令幕府起草檄文历数宋太祖的罪状。十四日，逮捕了宋朝廷所派的监军周光逊等人，派遣手下牙将刘继冲等押送到北汉表示归顺，要求支援，又派遣军队袭击泽州，杀死刺史张福，占领泽州城。

李筠反叛朝廷后，从事闾丘仲卿劝说李筠道：『您孤军起兵举事，形势十分危险，虽然表面上倚仗河东（指北汉）的支援，恐怕实际上也得不到他们的有力帮助。大梁（指宋朝）军队武器精良锐利，难以同他们争斗决胜。不如西下太行山，直抵怀州、孟州，堵塞虎牢关，占据洛邑城。然后向东去争夺天下，这是上策啊。』李筠却说：『我是周朝老将，和周世宗的情义如同兄弟，宫禁警卫将士，都是我的故旧，听说我到达，必定会倒戈投归我，怕什么不成功呢！』未采用闾丘仲卿的计策。

十七日，昭义兵变奏报。枢密使吴廷祚向太祖进言说：『潞州岩崖险峻，贼军倘若固守的话，就不能用一年半载的时间攻破。然而李筠一向骄傲轻率没有谋略，应该迅速领兵攻击他。』十九日，派遣石守信、高怀德率领前头部队进军讨伐，太祖敕令石守信等说：『不要放李筠西下太行山，急速领兵把守要塞，那打败李筠就必定无疑了。』

五月，北汉睿宗闻李筠背叛宋朝廷起兵后，派遣内园使李弼将诏书、金银绢帛、好马赐给李筠，李筠便又派遣刘继冲前往晋阳，请求北汉睿宗起兵南下，自己作为前导。北汉睿宗派遣使者向辽国请求援兵，辽军没有集结，刘继冲陈述李筠意思，要求不用契丹军队。北汉睿宗当天举行军队大检阅，自己统领倾国之兵从团柏谷出发，群臣在汾水岸边为之饯行，左仆射赵华劝谏说：『李筠起事轻率仓促，事情必定无成，陛下尽境内之兵赶赴征战，臣下看不出来其事可行。』北汉睿宗不听从。

当北汉军队行进到太平驿时，李筠亲自率领官员僚属迎接谒见，北汉睿宗命令李筠朝拜时赞礼人不唱其名，坐在宰相卫融的上方，封为西平王。李筠看到北汉睿宗的仪仗卫队又少又弱，内心很后悔，却又自言蒙受周朝的恩宠不忍心辜负。但北汉睿宗同后周世代结仇，听到李筠的话，也不高兴。李筠准备返回，北汉睿宗派遣宣徽使卢赞监视他的军队，李筠心中越发不平。卢赞曾经会见李筠计议事务，李筠不理睬，卢赞发怒，拂袖起身。北汉睿宗听说卢、李有矛盾，于是派遣卫融前往军中进行和解，致使叛军出师便不利。

宋太祖获悉李筠背叛朝廷，勾结敌手北汉、辽国军队，公开叛乱后。于是除调遣军队外，自己又亲自布防，并率军征讨，既剿平叛军，又能『惊』慑、削弱北汉与辽军势力。这是实施此计的关键一步。

同年四月，宋太祖召三司使、清河人张美征调军队、粮食，张美说：『怀州刺史、大名人马令琮，估计李筠必定

反叛，日夜储备粮草来等待王师。』太祖立即下令授马令琮为团练使。随后，又采纳宰相范质的谏言，由于大军北上攻伐，依靠马令琮按需要供给，不可再转移到其它州郡，于是又将怀州提升为团练使州，让马令琮充任团练使，以保障后备供应。

五月初，宋太祖又任命洛州团练使敦进为本州防御使，兼任西山巡检，防备北汉军队。叛军头目李筠留下长子李守节守卫上党，而自己则率领部众三万人向南出击。不久，朝廷的军队石守信等部在长平击败李筠军队，又攻克他的大会寨。

十九日，宋太祖下诏亲征，讨平李筠叛乱。不久，从大梁出发，二十四日，在荥阳停留。这时，西京留守向拱劝说太祖：『渡过黄河，翻越太行山，乘着贼军没有集结就攻击它。如果滞留拖延十天，那贼军的势头就越发猛烈了。』枢密直学士赵普也说：『贼人认为我国家新建，不能出兵征伐；倘若日夜兼程，攻其不备，可以一战而胜。』太祖采此意见。

二十九日，石守信、高怀德在泽州南面打败李筠叛军三万余人，俘获北汉河阳节度使范守图，杀死卢赞。叛首李筠则逃入泽州，环城固守。该月，永安节度使折德攻破北汉河石寨，斩首级五百。

六月初一日，宋太祖到达泽州，督令军队攻城，过十天还没攻下。他于是召见控鹤左厢都指挥使蓟人马全义询问计策，马全义请求全力紧急进攻，就率领敢死军士首先登城，飞箭穿透手臂，马拔出箭头前进战斗，太祖则亲率领警卫军队继续跟进。十三日，攻克泽州城。李筠投火而死，俘获卫融。

通过宋太祖亲征，终于将李筠叛军讨平。同时，还对北汉军队有所斩获和俘擒。李筠叛军的覆灭，宋太祖的『打草』之举（驱赶），使叛军背后的支使者、盟主的北汉、辽军大为震惊，亦大伤元气。由此使宋太祖通过计谋所企达之目标全部实现。

当时，北汉睿宗听说李筠战败，便从太平驿逃回晋阳，对赵华说：『李筠不成气候，结果如爱卿所言，我侥幸保全军队而归，只是悔恨丧失卫融、卢赞罢了！』赵华不久便告老还乡。至于辽军则听说潞州被宋军攻破，结果也没有出兵。

二十九日，宋太祖从潞州出发。七月十日，到达京师。

当初，北汉宰相卫融被擒，宋太祖责问他说：『你唆使刘钧帮助李筠反叛，是为什么？』卫融回答说：『狗见了不是主人就叫，臣下实在不忍心背负刘氏。』并且说：『陛下即使不杀臣下，臣下也必定不为陛下效力。』太祖发怒，命令左右卫士用铁杖打他的头，使其血流满面。卫融呼喊道：『臣下死得其所了！』太祖说：『是忠臣啊，放了他。』用好药敷贴他的伤口，让他送致书信给北汉睿宗，要求归还周光逊等人，表示诚意，将卫融送归太原，北汉睿宗不予回答。十三日，北汉任命卫融为太府卿之官职。

可见，到此时，北汉、辽军『敌蛇』，不仅因李筠叛军被宋军剿平而『大惊』，同时本身还损兵折将，丢城失

地，甚至连北汉宰相都做了宋军的俘虏。卫融被俘，宋太祖亲审、亲惩后，又突然放了他，让其作传书信使回归北汉，北汉之主对宋太祖的书信拒不答复，又不放宋监军等人，还大贬了放回的卫融之官职。这既表明北汉已元气大伤，毫无反击应变之力，还预示着内部矛盾加剧。卫融的俘而复回，无疑是安放在北汉之主身边的一颗内耗型定时炸弹，随时可能引爆，『敌蛇』之惊，已实成『重伤』『内创』之状了。这一计谋运用成功的关键恰在于此。

第十四计 借尸还魂①

原文

有用者，不可借；不能用者，求借。借不能用者而用之，匪我求童蒙，童蒙求我②。

按语

换代之际，纷立亡国之后者，固借尸还魂之意也。凡一切寄兵权于人，而代其攻守者，皆此用也。

注释

①借尸还魂：尸，尸体；魂，魂魄。借着别人的尸体恢复自己的魂灵。比喻已经死亡的东西，借着另一种形式出现。作为计谋，代表弱小者或影响较小的人或集团利用已经消亡了的有影响、有感召力的集团或人的影响而活动，扩大自己的势力。②匪我求童蒙，童蒙求我：《易经·蒙卦》『彖曰：匪我求童蒙，童蒙求我，志应也。』意思是说：不是我有求于蒙昧的幼童，而是他前来求教于我。彼此志同道合，互为感应。那么，童子则受支配。运用在这一计谋中，便是别人受我控制，我不受制于人之意。

译文

凡是有所作为的人，总是难以控制，不可以利用。凡是没有作为的人，总是有求于人，就可以利用。利用没有作为的人发挥作用，使他有所作为。根据蒙卦原理，这不是我受别人支配，而是我支配别人。

（按语）每当改朝换代的时候，总会出现纷纷扶植亡国君主后代的现象，本来就是『借尸还魂』的意思。凡是带军队依托别人，并代替别人进行攻击或防御的，也都是这一计谋的运用。

经典事例

陈胜借名拉反旗

秦王扫六合，一统全国，用兵日久。统一之后，又北修长城，以抗匈奴；南伐百越，以振国威。再加之大修阿房宫、始皇陵，开凿驰道，百姓劳役赋税日重，大有不堪重负之势。

秦二世元年（前209年）七月，秦王朝从汝阴（今安徽阜阳）、蕲县（今安徽宿县东南）征集了900名贫苦农民去渔阳（今北京密云西南）戍守边防。他们在两名官吏的押送下，昼夜兼程，风餐露宿，苦不堪言。但行至大泽乡（今安徽宿县刘村集）时，突遇暴雨数月，道路受阻延期，无法按期赶赴渔阳。然而，按照秦王朝的法律，戍边误期者将被处斩。于是，这些人均面临可能被处死的巨大威胁。

陈胜（又称陈涉）、吴广则是此次同行的被征戍的民夫之一。陈胜少时，『曾与人佣耕』，饱经沧桑与苦难。他们被押送官员指派为这批戍卒的头领，亦深得人们的信任和拥戴。值此死生存亡之际，大家一致要求陈、吴二人想办法，如何死里逃生。陈胜说：『咱们误了期，赶不到那里，非死不可。』有人提出：『咱们逃跑吧！』『那也不行，我们能逃到哪里去呢？所以说，不逃是死，逃也是死。』接着吴广对大家说：『我们与其等死，不如去拼死，如果

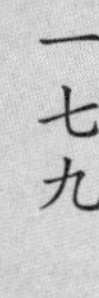

这样，或许还能有条活路。』大家于是同意这样办。这时陈胜、吴广虽然看到众戍卒均有拼死求生的强烈要求，但却需要有个有威望的人出来号召，起事才有可能。他俩私下商议之后，便想出一个先在戍卒中制造舆论的办法，来树立自己的威信，此法即『鱼腹丹书』与『篝火狐鸣』。为实施此法，有一日，陈胜用朱红丹砂在一块丝帕上写上『陈胜王』三字，偷塞于渔夫刚捕捞到的鱼腹之中，故意让戍卒们买走这条鱼，待他们回去剖洗此鱼时，发现丝帕丹书，无不称奇。消息不胫而走，人们纷纷私下传说陈胜是个有帝王之命的人。与此同时，陈胜又叫吴广在夜里偷偷跑到附近的荒庙里，烧起一堆野火，假装狐狸的叫声，嘶喊着『大楚兴，陈胜王』，众人远远听到这种声音，又见闪烁不定的篝火，惊恐之际，越发相信陈胜绝非凡人。戍卒们中间，大家纷纷传说着连日来的怪事，认为这是天意所为。于是，陈胜在人们的心目中，逐渐拥有了极高的威信。

在陈胜树威大获成功的同时，他俩又决定『拉旗』揭竿，以相号召，以凝聚众戍卒的战斗力，为一个共同的目标去决以死战。对此，他们则借用了秦扶苏太子、楚名将项燕的名义，『拉大旗』以行反秦暴政之义举。在当时，秦朝的各地百姓都知道扶苏是秦始皇的长子，理当继承帝位，且为人之贤杰，深得民心，但却不知其已为秦二世胡亥所杀。项燕则是楚国的一代名将，屡立战功，向为人们所崇敬、仰慕，然在与秦国作战中，已为王翦所杀害。但由于交通不便、音讯不畅，人们不知其被害，纷纷传说二人逃亡在外，尚活在人间。为此，陈胜、吴广为利用有利时机，便拉起扶苏、项燕为『大旗』，以相召唤，号召人们立即起义。陈胜、吴广在首先杀死了两名押送的官吏后，便召集九百戍卒对他们说：『大家遇到了大雨，已经延误了到达渔阳的期限，误了期就得被处死。即使如期到达那里，防守边疆，十有六七也是受尽折磨，客死他乡。我们堂堂男子汉，不死则已，死也要死得其所，闻名于天下。』又说：『王侯将相，宁有种乎？』难道那些王侯将相天生就该享福，我们天生就该做奴隶吗？不是如此。大家听完这番话，感到很有道理，于是纷纷表示拥护。他们又与陈胜、吴广设坛盟誓，打起了扶苏、项燕的旗帜，公开提出了『伐无道，诛暴秦』的起义口号，以号令天下人，共举义旗。

接着，陈胜、吴广率领义军，一鼓作气连续攻克五座城池。义军所到之处，杀官吏，放囚徒，废苛税，开仓放粮，赈济饥民，深得民心。于是四方民众纷纷来归，每日均有数千之众投奔义军而来。致使起事不久，义军迅速壮大到了数万人之众，战车达六七百乘之多，而战马更拥数千匹之巨。

接着，陈胜、吴广在率义军攻克五城之后，又直指陈县而来。镇守陈县的秦王朝官兵，闻讯早已逃散。起义军于是顺利占领陈县县城，陈胜、吴广随即召集当地贤达，共襄大计。这时，大家纷纷赞颂陈胜说：『将军披坚执锐，伐无道，诛暴秦，复立楚国之社稷，功宜为王。』故公推陈胜为王，拥吴广为假王（即副王），建立国号张楚。

这是秦末义军首领陈胜、吴广刚起事，势单力薄之时，依赖扶苏、项燕在民人心中的仰慕之力（吸附之力），拉大旗（『借尸』）举义帜，以相号召，从而获得成功的事例，也是赖力而『借尸』并以『还魂』的典型实证。这种力，一是充分利用扶苏、项燕的知名度和影响力；二是赖其二人的人格力量，以作为聚积义军的凝聚剂；三是将扶

苏、项燕作为义军反暴政、反无道的大旗，更具特殊的号召力。因为这二人是仁政、有道的化身和代表、体现者，这样，使义军之举更加名正言顺，『伐无道，诛暴秦』的口号，会使社会各阶层人士均能信服、接受、理解，也更深入人心。还魂顺理成章，亦更持久。

齐王用计复兵权

西汉初年，汉高祖刘邦登帝位后，为剪除地方割据势力，便利用各种手段去铲除异姓诸王的力量，而大封同姓王，在原有的封地上，分封刘氏家族子弟为王，且取而代之。但高祖死后，朝廷由吕后独揽大权，致使汉朝已成吕家的天下。此时，吕后不能容忍刘家诸王势力的存在，于是对刘氏各王，不是捏造罪名加以杀害，便是借故削去他们的兵权，以防止他们对吕氏朝廷的反叛。

其中，齐王刘泽，见诸兄弟逐个被吕后迫害，极为痛心疾首，自己更是恐惧万分。有一天，齐王在封地的园中，正一筹莫展地散步，突见谋士田子春急步前来相问：『大王为何这般忧虑？』刘泽叹息说：『我虽为王，现在却毫无权力，昔日父皇给予二十万大军的兵权，现在也被吕后收回，今后如何是好？』田子春听罢却笑着说：『这有何难。我有办法去长安向吕后要回兵权。』刘泽听后大喜，随即问有何办法。田子春却不语，只要了一些金钱和黑、白两匹骏马，便带着儿子上路了。

谋士田子春父子离开齐王封地后，来到长安。在京城长安的繁华街道住下，然后四处打探吕后身边的心腹为何人，获悉此心腹为经常路过此地上朝的六宫太使张石庆。田子春了解到这些情况后，一日早晨，他将白马拴在旅店门前桩上。张石庆上早朝入宫路经此地，见到这匹膘壮肉实的大白马，非常喜欢。次日，田子春又将黑马拴在门口，张石庆途经，见黑马更赞不绝口，问左右这是谁家的马匹，随从回答这是外地贩马者所贩卖的马匹。张石庆一听，急欲购买得手。田子春将这些情况一一探析悉后，便亲自到张石庆府上，登门求见。门卫回禀说：『外面有一个外地贩马者要求见大人。』张石庆心中窃喜，忙唤家人将贩马者带入。扮成贩马者的田子春与张石庆商议购马一事时，田则说：『如果大人果真喜欢这两匹好马，何言购买，小人愿意亲自奉上，以表致意。』张石庆一听此言，惊喜异常。随即反问道：『为何你卖马却不要钱呢？』田子春却说：『倘若卖马，我只能弄些钱，我愿以马借此疏通官府，得到一点差事做做。』张石庆一听，不断点头允诺说：『要想做官，这个好办，请暂且留在我的府上如何？』田子春听罢，心中暗暗高兴，一面答应，一面却在暗中思忖下一步棋该如何走。张石庆将良马得手后，心中高兴万分。他夫人娘家姓田，于是田子春为迎合她，又攀了本家，与张石庆以妻弟相称，以博张、田二人的欢喜。

有一日闲谈时，田子春故意逢迎般地向张石庆说：『姐夫要想讨好吕后的喜爱并不难，现今我有一计，准保能使姐夫上升为上大夫的显官要职。』于是，张石庆急忙便问，究竟为何计。田子春却故意漫不经心地说：『听说吕后还有三个本家尚未封正，不如请姐夫上奏请封吕氏三人为王。这样一定能使吕后喜悦，而姐夫被封上大夫，也就指日可待了。』张石庆一听，觉得颇有道理，决定按此办理。第二天上朝时，张石庆便向吕后奏上此本，吕后听罢果然接

纳。并立即命封吕超为东平王、吕禄为西平王、吕产为中平王。同时，又加封张石庆为末斤丞相，赏帛金三万。张石庆回到府中，便将上奏经过、升官得赏的，向田子春一一诉说，并表致谢之意。然而，田子春听完后，却故作满脸惊讶般地说：『呀，这可不好，上次我只是随便说说而已，没有意思让你真的这样去做。这样一来，岂不是对朝廷不利了。』张石庆急问究竟为何故。田子春却说：『吕太后一日连封三王，刘氏的王爷会服气吗？如果他们借此而蓄意造反又如何是好。』张石庆一听，急得满头大汗，急问该如何办，于是田子春又故作神秘地献上一计。张石庆决定再照计行事。

于是，张石庆当晚入宫，决定再见吕后。他面禀说：『外面已有传闻，刘泽、刘长、刘号三王知道太后又加封吕氏三王，甚为不平，恐有造反之意。而百姓对太后此举也颇为不满。我的意思是，对于刘氏三王，有官者赏赐，无官者则付以兵权，以此来平息他们的不满和愤忿。』吕后听完也觉得很有道理，认为目前也只好照此办理了。随即便召见丞相陈平入宫商议。陈平听完后，评道：『刘氏三王中，现在只有齐王刘泽，是无兵无权镇守山东。』接着，吕后便命立即召刘泽进京来议事。齐王到京城长安后，吕后对他说：『我儿镇守边城而无兵权，怎么能行使守卫之责，现在将兵印交付给你，务须谨慎从事！』刘泽听罢，立即跪地谢恩致意。但究竟给他多少兵马，吕后却一时拿不定主意。便问陈平说：『三万如何？』陈平、刘泽听后皆不回答。『五万如何？』俩人又不说话。『七万如何？』陈平此时向刘泽暗暗眨眼示意，仍皆不语。吕后一见此状，气愤至极地说：『如果七万不行，就不给了。』这时陈平却故意高声喊道：『齐王还不赶快叩头谢恩，太后已给你二十五万兵马啦！』刘泽连连伏地叩头谢恩。吕后却质问陈平，陈平说：『你刚才不是说「七万不行就二十五万」吗。』吕后见状，也只好心中暗暗叫苦，加以默认了。她只得转过身来，无可奈何地向刘泽说：『看在高祖的份上，把兵带走，去镇守边防吧！』刘泽于是立即带领二十五万大军回到山东。此时，谋士田子春也不辞而别地离开了张府。过了不久，吕后得悉，刘泽果真在山东起兵造反，极为恼怒，急忙召问陈平、张石庆其中的因由。到此她才明白，骗夺兵权者，实际乃是刘泽的谋士田子春施计所为。于是，吕后命人立即火速捉拿田子春，但得到张石庆的回禀却是，田氏父子早已回到山东齐王封地去了。吕后只落得个中计丧兵权、封赏而激天下众叛的内外交困，加速自毙的结果。

此事例中，实施『易法』而借尸还魂之术者，为谋士田子春，中计者为吕后，所还之魂，即政治目的为夺回齐王刘泽失去的兵权。行计中的穿梭人物则为张石庆。通观此计的实施全程，它有如下特点：首先，认『尸』精准。田子春正当齐王丧兵夺势、前途危惧之时，挺身而出，父子二人『单刀赴会』，铤而走险奔长安。然而，抓住吕后亲信、六宫大使张石庆作主攻对象。认定此『尸』（外力）可借，实现了『距离敌人核心越近，反倒最为安全有利』的军事策略。从而为『借』、『还』提供了必要前提，奠定了制胜基础。其次，易法『借尸』巧诈。田子春为『借尸』，在张石庆身上狠下工夫，先投其所好献良马（情、物投资）；次其委身张府攀其亲（故作姿态以接近而释疑）；再则两献妙计假其手（设下圈套，圈内有圈，套外有套）。使之用常法之技难达之『借尸』目的，此『易法』则巧诈而得。

此后的还魂便是顺理成章之事了。第三，还魂之术奇绝。齐王刘泽若用常法、常技、常规，向吕后索还兵权，既不可能，反倒可遭杀身之祸。而经上面两步的运行、铺垫之后，刘泽的重掌兵权便是势所必然，备具安抚、政治平衡的性质，因此，刘泽被召入宫后，在吕后面前，才有兵力上讨价还价的余地和潜在理由。再加之刘、陈二人的一番真戏假作、假戏真唱，一对一和的『政治双簧』的出色表演，终使吕后在『君无戏言』的信条下，乖乖地认输，默认刘泽率大军而去。待『梦醒时分』，方觉齐王叛势已成，悔莫当初。此『还魂』之奇绝、魂定之瞬息，失者之惨烈，可谓之惊世骇俗了。

说古喻今谏文帝

为使帝王纳谏，或改弦易辙，或平冤改过，或闻过则喜，或从善如流，臣下更须借助各种手段，伺机而行。方能达其政治目的，使帝王或臣均得以自全或转危为安。其中，说古喻今，借古讽今是一种惯用的巧术上策。汉代，郎署长冯唐便是这样的能人。汉文帝时，魏尚任云中太守。当时，匈奴人时常侵扰边塞，使北方诸郡时刻不得安宁。魏尚任云中太守以后，便开始整治军队，积极抵抗，一时汉军声威大振。当时，匈奴人闻知魏尚贤勇，故轻易不敢来犯云中。有一次，一支匈奴的军队进入云中境内，魏尚便亲率兵卒迎战，杀伤甚众，终于打败了匈奴的入侵。由于一时疏忽，魏尚在向朝廷报功时，多报了斩杀的六个首级。汉文帝便认为魏尚冒功，撤销了魏尚的职务，且将他依法治罪。臣下们对此都感到魏尚获罪有些冤枉，但却无法解救他。一天，汉文帝见到郎署长冯唐，便问他：『你是哪里的人

呀？』冯唐回答说：『我是赵人。』汉文帝一听，便来了兴致，说：『以前我听说赵国的将领李齐十分了得，巨鹿大战时，威震敌胆。现在，每当我吃饭的时候都想起李齐。』冯唐回答说：『李齐远不如廉颇、李牧。』文帝听后，对赵国当时拥有那么多良将既感到惊喜，却又感叹道：『可惜呀，我没有得到廉颇、李牧那样的将才，如果有他们那样的人为将，我就再也不担忧匈奴人了。』这时，冯唐见救魏尚而进谏的时机已到，便脱口说出：『陛下如果得到像廉颇、李牧那样的将领，如今也不一定会用。』汉文帝一听此言，感到十分惊诧，反问说：『你怎么会知道呢？』冯唐则回答说：『古时候的帝王派遣将领出征，总是说：「大门以内我负责，大门以外，请由将军治理。」军队里按功行赏，这本是就是将军们的事，由他们先决定以后再转告朝廷。以往，李牧在赵国做将军时，所在地的租税都自己享用了，赵王从不责怪他，所以李牧的才智得到了充分的发挥，赵国也几乎成为霸主。而当今，魏尚做云中太守，其所在地的租税收入，全部用来供养士卒，因此，匈奴才惧怕他，不敢接近云中的边塞。而陛下仅仅因为六个首级的误差，便将他下狱治罪，削掉了他的官爵，所以，我才敢说，陛下即使有廉颇、李牧那样的将才，也不能够很好地任用他们。』冯唐的这番话，既借古而讽谏了汉文帝，为魏尚说了情，鸣了冤，却又没有因此而得罪汉文帝。因此，汉文帝听了冯唐这些话后，很受感触。当天，就派冯唐拿着符节到云中赦免了魏尚，并且恢复了他云中太守的官职。

第十五计　调虎离山

原文

待天①以困之，用人以诱之。往蹇来反②。

按语

兵书曰：『下政攻城③。』若攻坚，则自取败亡矣。敌既得地利，则可不以争其地。且敌有主而势大。有主，则非利不来趋；势大，则非天人合用，不能胜。

汉末，羌④率众数千，遮虞诩⑤于陈仓崤谷⑥。即停军不进，而宣言上书请兵，须到乃发。羌闻之，乃分抄旁县。诩因⑦其兵散，日夜进道，兼行百余里；令军士各作两灶，日倍增之。羌不敢逼，遂大破之。兵到乃发者，利诱之也；日夜兼进者，用天时以困之也；倍增其灶者，惑之以人事也。

注释

①天：即天时。《孙子·计篇》：『天者，阴阳、寒暑、时制也。』指对战争起重大影响的天气状况和时机。②往蹇来反：《易经·蹇卦》『九三，往蹇来反。』意思是说：『九三，往前行走有困难，返原处。』彖曰：『蹇，难也。险在前也，见险而能止，知己哉。』意思是：往前去有危险，知难而退，是明智之举。运用在战争中，即明知敌人占据有利条件，就不要硬闯，应设法离开他们使他们脱离那些有利条件。③下政攻城：《孙子·谋攻篇》：『故上

兵伐谋，其次伐交，其次伐兵，其下攻城……』认为攻城是最下策，是迫不得已的举动。政，即决策。④羌：古时一支少数民族，活动在西北地区。⑤虞诩：东汉将领，字升卿。曾为武都（今甘肃省城县西北）太守，率兵平羌。⑥崤谷：山地名，位于今陕西宝鸡西南。⑦因：趁着。

译文

等待天时对敌方不利时再去围困他，用人为的假象去诱骗他。根据蹇卦的原理：往前有危险，就反身离开，要知难而退。

（按语）兵书说：『攻城是下策。』倘若硬攻坚固城池是自寻失败。敌人既然占据了有利的地形，就不要去争夺地形。况且敌军已经有了准备，而且实力强大。敌人有了准备，如果不用利诱，他们就不会前来攻我；敌人实力强大，如果不把天时与人和结合起来共同发挥作用，就不能战胜他。

东汉末年，西羌叛乱。几千羌人把虞诩的军队拦截在陈仓崤谷一带。虞诩就停止进军，而且扬言要向朝廷请求救兵，必须等救兵到来才前进。羌人听了，便分散到邻县去掠夺财物。虞诩趁着羌兵已经分散，就不分昼夜进军。急行一百多里，并命令士兵扎营时各作两个炉灶，逐日加倍。羌人以为援兵到了，不敢进攻，于是大败羌人。虞诩言等救兵到了再走，是用利诱的办法；日夜急行军，是给羌人造成天时上的不利而处于被动；加倍修灶，是为了迷惑羌人，在军心上压垮他们。

陈平出谋除吕党

陈平是汉高祖刘邦最重要的谋士之一，他善于审时度势，分析情况，果断地选择最佳方案，尤好提出奇谋异策，被史书誉为『六出奇计』。刘邦去世之后，他施展韬晦之计，赢得了吕后的信任，保全丞相职务。在吕氏子弟密篡权的关键时候，陈平与太尉周勃等人一举粉碎了吕党，平息了内乱。在平息诸吕、安定刘氏江山的过程中，陈平、周勃等人不但屡试奇谋保全了自己性命，而且巧用调虎离山之计，与瞒天过海、分化瓦解、借刀杀人、欲擒故纵等计谋手段交相叠用彻底消除了诸吕势力。其过程如下：

（一）明保暗潜，蓄谋以待。刘邦死后，吕后在朝中专权，鸩赵王，害戚姬，为所欲为，嚣张煊赫一世。陈平虽为左丞相，但知吕后势力日大，多说无益，便施行韬晦之计，极少参与朝政，更不愿为吕氏诸族出谋献策。惠帝七年，吕后欲封吕氏子弟为王，朝廷顿时沸腾，人人议论纷纷。都说高祖曾与群臣杀白马饮血盟誓：『非刘氏不得封王，非有功不得封侯，如违此约，天下共击之。』今后吕后提出这个问题，答应不是，不答应也不是，难于左右逢源。人人忐忑不安，惟恐吕后问到自己头上，让自己表态。这日，吕后在朝议时，果然就此事向右丞相王陵，王陵当即表示现在分封吕氏为王，不符合白马之盟所约。吕后又问陈平、周勃，二人心想，此时吕氏掌管朝政，自己同意与否，她都会这样干。如果得罪了太后，丢了高官厚禄不说，就连尽忠高祖的机会都有丧失的可能，于是便违心地说：

『高帝统一天下，分封刘氏子弟为王；现在太后临朝管理国家，分封几位吕氏为王，没有什么不可以的。』吕后一听，喜笑颜开。陈平、周勃的回答，颇合太后本意，给太后解了围，来了个退避为守的策略，顺利过关。王陵听到此话，气得脸红脖子粗，朝议结束后，责备陈平、周勃说：『当初与高皇帝歃血盟誓时，你们二位不在场吗？现在高帝驾崩了，太后女主当政，要封吕氏为王，你们即使要逢迎太后意旨而背弃盟约，可又有何脸面去见高帝于九泉之下呢？』陈平、周勃对王陵说：『现在，在朝廷之上当面谏阻太后，我二人确实不如您；可将来安定国家，确保高祖子孙的刘氏天下，您却不如我二人。』王陵无言以对。果然不久，吕后明升王陵为皇帝的太傅，实际上剥夺了他原任丞相的实权，王陵于是称病，被免职归家，由陈平接任其职。

（二）外示假象（将隙相涵），欲擒故纵。接任右丞相后，陈平深知吕氏集团对高祖旧臣老将怀有很深的芥蒂，如有不慎，身家难保，便纵情声色之中，不问政事，心猿意马，拥赵姬，把楚女，凡事由吕后及其亲信处理。吕后心中窃喜，以为陈平不给她捣乱，吕氏天下可保无虑。其实陈平心如刀绞，七上八下，十分矛盾。心想：自己对吕后委曲求全，意在保住官职，以求得一旦有变，安刘氏，整朝纲，以报先帝知遇之恩。无奈吕氏势焰，日盛一日，欲在此时阻止吕氏的活动，会过早暴露目标，恐如螳臂挡车，不自量力。若听任其发展下去，万一吕氏篡权得逞，羽翼丰满，日益强盛，自己有何面目见高祖皇帝呢？又怎能对天下人解释呢？这个局面可比在荥阳、白登山时难办多了。冥思苦想，实在找不出一个万全之策，一筹莫展，以至于忧思郁结，难以自拔。

一日，陈平正在屋中担忧诸吕横暴，自己又无力制止，恐怕大祸临头。独居静室，苦思对策。恰在此时陆贾前来造访，未经通报直入室中坐下，陈平竟未察觉。陆贾劈头问道：『丞相思虑何事，竟然如此全神贯注！』陈平抬头望见是因不满吕氏专权、托病辞职的大夫陆贾，不请自到，从天而降，便笑着说：『先生猜测我思虑何事？』陆贾说：『您富贵无比，位极人臣。但您却有忧虑，不外乎是担心诸吕和皇上年幼罢了。』陈平见陆贾一语点破心事，也就坦诚地说：『先生料事如神，陈某钦佩至极。敢问有何妙策，方能转危为安？』陆贾说：『天下安，注意相；天下危，注意将。将与相关系和谐，士人就会归附；天下即使有重大变故，大权也不会被瓜分。安定国家的根本大计，就在你们二位文武大臣掌握之中。我曾想对太尉绛侯周勃说明这一利害关系，绛侯平素与我常开玩笑，不会重视我的话。丞相为何不与太尉交好，密切联合呢！』陈平是何等聪慧的人，马上领悟到陆贾的意思，连声说：『高见，高见。』接着陆贾为陈平谋划将来平定诸吕的几个关键问题。陈平本来与周勃不和。当年他归汉时，周勃曾经说过他受金盗嫂，当然心存芥蒂。但诸吕日盛，势必危及国家和自身安全，陈平决定『捐弃前嫌』，以厚礼为周勃上寿，博取将相交好。周勃亦隐恨诸吕，自然与陈平情投意合，两人你来我往，经常筹谋除吕大计。同时，陈平又让陆贾借交游公卿之便，联络反吕之人，结成联盟，伺机行事。自己仍做吕氏忠臣的模样，骗取吕后的信任，顺水推舟，将错就错，支持吕后干些蠢事，让其自掘坟墓。

（三）迫吕（禄）交印，驱虎出军。高后八年（前180）秋季，吕后病重，诏令任命赵王吕禄为上将军，统领北

军，吕王吕产统领南军。吕后临终前预感到诸吕与高祖旧臣老将之间将会发生激烈的政治流血冲突，于是告诫二吕说：『封立吕氏为王，大臣心中多不服。我就要去世，皇帝年幼，恐怕大臣们乘机向吕氏发难。你们务必要统率禁军，严守宫廷，千万不要为送葬而轻离重地，以免被人所制！』诸吕加紧夺权步骤。陈平、周勃虽有心发难，但看到诸吕戒备森严，警觉事态发展，无懈可击，也只有忍而不发。考虑再三，权衡利弊，陈平认为铲除吕氏必须一要借助封国刘氏诸子之力，转移朝廷视线；二要分化瓦解、离间吕产与吕禄的关系，破坏其联手同盟，各个击破；三要驱之害，迫使吕禄交出北军的权力，调他前往封国；四要在军队中寻找新的合作力量。于是陈平终于策划出一个较为周全的计划来。秘密派人找到朱虚侯刘章，由他出面串联刘氏诸王在外起兵发难，自己和周勃在朝中策应，内外结合，不信动摇不了诸吕的堡垒。

果然，齐王刘襄、琅琊王刘泽，率兵入京，欲诛诸吕。吕产、吕禄闻变大急，立即遣颍阴侯灌婴统兵征发，消灭刘襄。灌婴行前向陈平告别请教，陈平面授机宜说：『荥阳为天下重镇，进可攻，退可守，不可丢失。』灌婴心领神会，与其部下计议说：『吕氏在关中手握重兵，图谋篡夺刘氏天下，自立为帝。如果我们现在打败齐军，回报朝廷，这就增强了吕氏的力量。』于是灌婴率兵行至荥阳屯兵据守，并派人告知齐王和诸侯，决定阵前反戈一击，互相联合，静待吕氏发起变乱，即一同诛灭吕氏。各王得知此意，就退兵到齐国的西部边界，待机而动。这时吕禄、吕产想发起变乱，但内惧朝中绛侯周勃、朱虚侯刘章等人，外怕齐国和楚国等宗室诸王的重兵，又恐手握军权的灌婴背叛吕

氏，打算等灌婴所率汉兵与齐军交战之后再动手发动宫廷政变，阴谋篡权。

更令人担忧不安的是，当时双方的力量对比相差悬殊，此时济川王刘太、淮阳王刘武、常山王刘朝及鲁王张偃都年幼，没有就职于封地，居住在长安；赵王吕禄、梁王吕产分别统率南军和北军，都是吕氏一党。列侯群臣没有人能保安全。太尉绛侯周勃手中没有军权。曲周侯郦商年老有病，其子郦寄与吕禄交情甚好。绛侯与丞相陈平商议，只要驱之以害，由人说服吕禄交出北军统率权，返回封国，二吕的联盟就会不攻自破，吕产就是再嚣张，也易于擒拿，而要说服吕禄扰乱其心，调他出京就封，最合适的人选莫过于郦寄，于是陈平、周勃便以议事为名，将郦商父子骗到相府，以郦商为人质，迫令郦寄游说吕禄，欺骗他说：『高帝与太后共同安定天下，立刘氏九人为诸侯王，立吕氏三人为诸侯王，都是经过朝廷大臣议定的，并已向天下诸侯公布，诸侯都认为理应如此。现在太后驾崩，皇帝年幼，您身佩赵王大印，不立即返回封国镇守，却出任上将，率兵留在京师，必然会受到大臣和诸侯的猜疑。您为何不交出将印，把军权还给太尉，请梁王归还相国大印给朝廷，您二人与朝廷大臣盟誓后各归封国？这样，各兵必会撤走，大臣也得以心安，您高枕无忧地去做方圆千里的一国之王，这是造福于子孙万代的事。』吕禄本无韬略，以外戚身份掌权，哪里是陈平等人的对手。郦寄以从陈平那儿学来的一番话，居然说得吕禄头昏脑涨，不知所从。于是将此言转告吕氏父老，诸吕也是众口纷纭，莫衷一是。惟有吕媭头脑尚清楚，大叫：『庸奴，汝为上将，不思保国安邦，反而终日离军游猎，还要交出兵权。你若交出兵权，吕氏一族，将死无葬身之地。』

恰巧在这个关键时刻，郎中令贾寿出使齐国返回，批评吕产说：『大王不早些去封国，现在即便是想去，还能够吗！』随即贾寿把灌婴已与齐、楚两国联合欲诛灭吕氏的事告诉了吕产，并且催吕产迅速入据皇宫，设法自禁。平阳侯曹窋听到贾寿的话，快马加鞭，十万火急，赶来向丞相和太尉通报了突发的局势变化。

陈平得到报告，知道巧夺军权的谋略可能中途夭折，决心冒险行事。派人请来负责典掌皇帝符节的襄平侯纪通，晓以大义，让他与周勃一起，伪称奉皇帝之命允许太尉进入北军营垒，代吕禄统领北军。怕吕禄不服，再派郦寄和典客刘揭先去劝说吕禄：『皇帝指派太尉代行北军指挥职务，要您前去封国。立即交出将印，告辞赴国，否则祸在眉睫。』陈平怕郦寄也不能说服吕禄，又派两名武艺高强的刺客，伺机下手诛杀吕禄。不料吕禄认为郦寄不会欺骗自己，就解下将军印绶交给典客刘揭，而把北军交给太尉指挥。太尉进入北军时，吕禄已经离去。陈平、周勃等人谋划的驱之以害，调虎离山，分其势，夺其锐气的第一步策略取得了成功。太尉得了将印，召集将士们说：『为吕氏右袒，为刘氏左袒！』北军将士都袒左臂，愿听周勃将令。但是，还有南军未被控制。丞相陈平召来朱虚侯刘章辅佐太尉。太尉令朱虚侯监守军门，又令平阳侯曹窋告诉统率宫门禁卫军的卫尉说：『不许相国吕产进入殿门！』

吕产不知吕禄已经离开北军，进入未央宫，准备作乱。吕产来到殿门前，无法入内，在殿门外徘徊往来，被奉命前来保卫皇帝的刘章抓住，一剑杀死，并火速通报周勃、陈平。陈平、周勃见吕产已死，二虎中的一只最凶猛的恶虎已被铲除，料知诸吕无能为力，当即派遣将士，分别捕杀诸吕，一场诸吕阴谋政变篡权的祸难，就如此平息了。

显而易见，在汉初刘邦死后，诸吕势力与刘氏后裔的朝政争夺中，诸吕占有明显优势，控制着政军大权，发号施令，朝纲独断，而刘氏则处于劣势，直到吕后死去一直保持这种格局。最终刘氏诸裔之所以能够战胜诸吕，重掌朝廷大权，靠的完全是跟随刘邦南征北战，屡立奇功，名闻遐迩的老臣陈平、周勃等人运用政治计谋，巧调诸吕，分化瓦解其阵营，各个击破，里应外合战略实施的成功。在这场剑拔弩张、你死我活的政权争夺中，诸吕蓄谋已久，控驭着主动权，诸刘处于被动防范状态，斗争的双方都试图吞并对方，独霸一尊，均在玩弄政治权术与计谋，真是计计相对，环环相扣。诸刘贯穿复杂的斗争形势，尽管使用了多种计谋，但其中最关键的驱之以害（交将印），调虎离军，分化吕产、吕禄的计谋取得了成功，从而破坏了诸吕阴谋篡权的中枢系统的正常运转，为倾吕安刘创造了条件，赢得了主动权，转弱为强，后发制人，以迅雷不及掩耳之势，铲除了诸吕势力，稳固了汉室江山。

刘邦用计逼范增

却说张良、陈平派遣使者前往楚营游说，无非是厚礼甘言，说刘邦不敢与楚王分庭抗礼，愿各守封疆，共保富贵，划荥阳以东为楚界，荥阳以西为汉界。项羽果然中计，猜疑钟离昧诸人，并派人至汉军中以探虚实。他的这一举动又为陈平进一步离间楚之君臣提供了千载难逢的良机。经过一段时间的对抗，项羽想到刘邦势力日大，韩信又善于用兵，继续对抗下去，两败俱伤，难料鹿死谁手，不如趁早讲和，休养生息，等待机会，东山再起，便召范增前来商量。范增分析形势，说道：『议和是刘邦的缓兵之计。和谈不是本意，把战局拖住，坐等韩信救兵才是真正目的。今

日正可猛攻快打，不给其喘息机会，把刘邦消灭在这里，再去对付韩信。』

听了范增的一席谈，项羽犹豫起来，汉使料定是范增从中作梗，乃对项羽进谗说：『陛下自应圣裁。左右的话，怕有私弊。因为战胜也好，战败也好，别人一样可以不当楚官当汉官，但陛下将怎样处理自己？况且汉王尚未势穷力尽，韩信的几十万大兵很快就会到来，内外夹攻，陛下师疲粮尽，那时欲退不得，欲进不能，不是后悔莫及吗？依臣鄙见，倒不如及时讲和，化干戈为玉帛，这样，不独汉王感恩戴德，百姓也会讴歌陛下的仁义呢！臣虽身在汉营，仍是天下一介贱民，望陛下三思，为天下着想，不要被左右暗中出卖了！』

汉使的话掷地有声，似乎合情合理，不容怀疑。项羽一时莫辨真伪，六神无主，难以抉择，便道：『你先回营，我即派人入城讲和。』汉使的激将法，果然见效。陈平得悉，心花怒放。于是，导演了一出离间楚君臣关系，调虎离山，气走亚父范增，孤立项羽的活剧。

项羽不听范增的劝谏，派遣虞子期等人为和谈大使进入荥阳城。刘邦谎称夜饮大醉，命陈平前来接待。陈平见到楚使，故作高兴之状，问长问短，并亲自引楚使到客房，摆设了丰盛筵席，请虞子期上坐，顺便问起范增的起居近况，大赞范增，并附耳问：『亚父范增有什么吩咐？』虞子期回答说：『我们是楚王差使，不是亚父差来的。』陈平一听，故作惊讶，说：『吾以为亚父使，乃项王使！』便叫几名小卒撤去上等酒席，随后把楚使领至另一间简陋客房，改用粗茶淡饭，残羹冷炙招待。陈平满脸愠色，拂袖而去。楚使莫名其妙，如坠五里雾中，弄不明白楚王的使者

与亚父的使者有何不同。他们整衣急切求见刘邦，刘邦传话说还未梳妆。侍从领着楚使在密室休息，奉陪一会，托辞起身，说：『虞大使请稍候，小臣去帮汉王梳洗。』遂离开密室而去。

虞子期受到这般怠慢，大为不快，在密室里翘首以待汉王刘邦的接见，久不见汉王，却发现桌上有几件秘密文件，随即走过去翻阅，找出一纸首尾不写名的信。内云：『霸王提兵远来，人心不附，天下离叛，兵不过20万，势渐孤弱。大王切不可出降，急唤韩信回荥阳。老臣与钟离昧等为内应，指日破楚必矣。黄金不敢拜领，破楚后愿裂土封于故国，子孙绵延百世，臣之愿也……』

虞子期看罢大吃一惊，暗思此信必是范增的无疑。近闻亚父与刘邦私通，尚不相信，今日睹信函，相信真的假不了，假的也真不了。于是将信揣入怀中，返回楚营向项羽报。并把如何遭到冷遇以及发现亚父匿名信的经过向项羽渲染了一番。

项羽看罢密信，怒发冲冠，使其猜疑病又发作起来，说：『我前日便有所闻，还道他老成可靠。谁知他果有通敌之事。』想立即召见范增，当面问个究竟。左右劝他说：『大王切勿操之过急，无有真凭实据，怎能当面诘责？万一弄错了，岂不伤了和气？』霸王这才强压怒火，不遽发作，但更加猜疑范增。果然轻易蒙受陈平小技的愚弄欺骗，霸王的核心攻刘联盟中枢又一次出现了裂痕，陈平的调虎离山、借刀杀人的计谋开始生效。

不料范增对这些一事无所知，还一心想着为霸王消灭汉兵。他见项羽派人入城议和，又把攻城之事放了下来，不

免暗暗着急。于是面陈霸王，力主督励将士，迅速攻克荥阳。项羽心中已对范增产生猜忌，怎肯再听从他的意见？于是，优柔寡断，支支吾吾，莫衷一是，不肯发兵。范增急了，大声说：『古人云：「当断不断，反受其乱。」从前鸿门宴时，臣劝大王速杀刘季，大王不听臣言，以致养痈成患。今日，天赐良机，把刘邦困在荥阳，若再被他脱逃，那可是纵虎归山了。一旦他卷土重来，你就后悔莫及。』项羽被其激怒，强压心头已久的闷气骤然迸出，勃然道：『你叫我速攻荥阳，但恐怕荥阳未拿下，我的人头就被你送到荥阳了。』范增一听，惊得目瞪口呆，一时竟不知如何是好。心想：自从跟随项梁起兵至今，从未听到他对自己用这样的态度说话，一定是中了汉王的反间调虎离山之计。多年来风风雨雨，出生入死，竭尽智慧为他效力，到头来还是个不信任，想到这里，万念俱灰，忍不住高声说：『天下事已经大定，愿大王好自为之，勿堕敌人狡计。臣已年老体衰，原本应引退归乡，现乞赐臣骸骨，归葬故里吧。』说完，头也不回地走了，项羽也不挽留。范增见项羽如此绝情，便挂印封金，当日起程东归。一路上生气伤心，劳累不堪，竟酿成大病，起初是寒势侵身，接着背上起个恶疮，没几天凄凄惨惨，冷冷清清地病死于途中。陈平一条小计，断送了范增的性命，不费吹灰之力，砍掉了项羽这只猛虎的一条臂膀，不但达到了削弱孤立项羽联盟的目的，而且，从此以后，项羽的霸业，如同江河日下，日暮途穷，再无起色。

范增死后，项羽痛定思痛，深刻反省，醒悟中了刘邦的反间计与调虎离山之计，但悔之晚矣。他决心踏平荥阳，将刘邦碎尸万段，以报亚父之仇。于是召集大将钟离昧等人，好言相慰，并嘱他们着力攻城，立功候赏。诸将果然身先士卒，奋力攻城，一时荥阳再次告急。韩信援兵迟迟不到，荥阳朝不保夕。张良、陈平决定：先救刘邦出城，入关收集散兵，留御史大夫周苛、魏豹、枞公死守荥阳，再会同韩信所部围攻项羽。于是陈平诸人又巧用项羽急擒刘邦的心理，智诳楚军，调虎转向离山，起死回生，回天有术的计谋。

纪信诈降解兵围

面对楚军日益猛烈的攻势，陈平等人，一方面将形势之危急向诸将和盘托出，激励诸将誓与孤城共存，抵御楚兵，另一方面与张良密谋后，对汉王说：『请大王速写一封投降信给霸王，约霸王在东门相见。霸王定会把他的大军布置在东门，我再想办法把西、北、南各门卫士引到东门口来，大王就可以从西门冲出去了。』

这时汉王帐下的将军纪信，认为与其死守孤城，不若突围求生。要想突围，惟一的办法是找一个人假做汉王，只说出城投降，好叫敌人无备，让汉王乘乱冲出包围。纪信悄悄来到汉王帐下，言愿假代汉王，去诳骗楚军，请汉王组织人马突围。陈平等人认为此计可行，但必须周密策划，要有其他伪装作掩护，三计并施，才能蒙蔽项羽，乘乱突围。翌日，天还未亮，汉军便开了东门，陈平差遣2000妇女，一批又一批地从东门出去。楚军闻讯围攻上来，见全是些手无寸铁的女人，谁也不好意思刁难，只好闪开一条道来。南、西、北门的楚兵听说东门全是美人儿，争先恐后地涌向东门。直到旭日东升，才见城中有兵士出来，打着旌旗，拿着武器，簇拥着一部兵车，缓缓而来。『汉王』走近楚营，霸王才发现坐车出来的不是汉王，气得火冒三丈，暴跳如雷，吩咐将这个假汉王连车一同烧了。这时，汉王乘

着东门混乱，冲出西门，带着陈平、张良、樊哙杀开一条血路，逃之夭夭。荥阳城头又列满了守军，一个个甲胄鲜明，武器精良。原来陈平的三计是：(1)让妇女出东门，吸引楚兵的注意力，减少城中非战斗人员的数量，减轻口粮上的压力。(2)让纪信乔装汉王，大骂项羽，目的在于拖延时间，以使汉王君臣得以走得更远，守城的将士有更充足的准备。(3)留下一支守军，荥阳是军事重镇，历来为兵家必争之地。能够守住自然是好，万一守不住，也可拖住楚兵的后腿，使之不迅速快地全力追赶汉王。就这样，陈平使汉王死里逃生，为日后消灭楚军，奠定了基础。

敌国与政敌之间的军事征战和权利之争，既是势力的综合对抗，又是智慧谋略的较量。在楚汉战争生死存亡的攸关之际，被楚军围追堵截，困守孤城荥阳的刘邦之所以，能够死里逃生；处于劣势被动地位的汉军之所以能够重振旗鼓，变被动为主动，变劣势为优势，与在危急紧要关头，陈平屡出奇计谋略，玩弄阴谋诡计，计计连环套用，各得其效有着直接的关联。尽管项羽军威声振，兵勇将谋，指挥中枢堡垒坚固，所向披靡，攻无不克，屡战屡胜，但是在荥阳围困汉军的激烈争战中，他却轻而易举地败给了陈平以反间为手段，步步深入，扰乱楚军破坏项羽核心联盟的调虎离山之计。在施计过程中，陈平针锋相对，以出乎常人之情的手段，对症下药，反其道而行，把握准了项羽生性好疑、吝啬爵邑的不足，利用楚军的矛盾，以散布谗言，略施小恩小惠的手法，首先瓦解、调拨了钟离昧（折虎翼），继之陷害项羽的谋臣范增，使其离他而去（去虎威），从而使楚军的坚固堡垒出现裂痕，不能一致对外御敌，接着又使用瞒天过海、调虎离山之计，以刘邦出降，美女为诱饵，吸引楚军到相反的方向，声东击西，制造混乱（虚乱以避

虎），乘机突围而去。以上三计，每计的核心都是为了乱之以虚，达到调虎离山、分化瓦解楚军的目的，但在用计的对象、时间、方式上都采用了不同的隐蔽手法，示假隐真，令人将信将疑，使项羽在不能明辨曲直是非的前提下，不知不觉便上了陈平的当，结果改变了战争的势态，待到其醒悟，欲加防范力抵再次上当受骗时，计谋又是道高一尺魔高一丈，防不胜防，毫无招架之势，只能听天由命，结果却是楚军功败垂成，而汉军刘邦则由被动渐趋主动，死里觅生，保存了卷土重来，东山再起的实力。

第十六计 欲擒故纵①

原文

逼则反兵，走则减势。紧随勿迫，累其气力，消其斗志，散而后擒，兵不血刃。需，有孚，光②。

按语

所谓纵者，非放之也，随之，而稍松之耳。『穷寇勿追③』，亦即此意。盖不追者，非不随也，不迫之而已。武侯之七纵七擒④，即纵而蹑之，故展转推进，至于不毛之地。武侯之七纵，其意在拓地，在借孟获以服诸蛮，非兵法也。若论战，则擒者不可复纵。

注释

①欲擒故纵：故：有意，故意。想要捉住他，就故意放开他。比喻为了更好地控制他，便有意识地先放松他。『擒』是目的，『纵』是手段。『故』是计谋的要点。②需，有孚，光：《易经·需卦》：『需，有孚，光亨，贞吉，利涉大川。』意思是说：停止不前，等待时机，心存诚意，就会光明亨通，大吉大利，足以涉河渡江。运用在此计之中就是停止进攻，给敌人一线生机，等待他们企图逃命、没有战斗力的时候，再奋力攻击他们，就会取得更大的胜利。③穷寇勿追：《孙子·军争篇》：『围师必阙，穷寇勿追。』即包围敌人一定要留有缺口，对陷入绝境的敌人不要过分逼迫。④七纵七擒：公元225年，诸葛亮南征孟获，七擒七纵，最后孟获心悦诚服，誓不复反。孟获：三国

蜀汉南中一带少数民族首领之一。武侯，即武乡侯诸葛亮之爵位。

译文

逼得敌人无路可走，他们就会拼命反扑；故意放他一条生路，就会削弱敌人的气势。追击敌人时，紧紧地跟踪而不逼近，以消耗他们的体力，瓦解他们的斗志，等到他们的兵力分散、军心混乱时再去捕捉，就可以避免流血。根据需卦的原理，此计的关键是要停止进攻，让敌人相信还有一线逃跑的希望。

（按语）这里讲的『纵』，不是将敌人放走而是在后面跟着他们，不过稍微宽松一些罢了。《孙子·军争篇》中说：『对陷入绝境的敌人不要过分逼迫他。』就是这个意思。我们说『不追』，并不是不去跟踪，只是不过分逼迫他罢了。三国时，诸葛亮七纵七擒，就是释放孟获，而后追踪他，因此转来转去，部队不断推进，终于到人迹罕到的边远地方。诸葛亮的七纵，意图在于扩大疆土，借助制服孟获去收服其他少数民族。这种做法，不符合作战的原则。如果按照作战的原则，被擒住的敌人，是不可以再放掉的。

经典事例

张仪计诱楚怀王

公元前313年，秦国企图攻打齐国，但又顾虑齐国与楚国合纵亲善，秦惠王于是想到诡谋家张仪，由他出面引诱楚怀王，破坏齐楚之盟，便先免去张仪的宰相之职，然后派遣他出使楚国面见楚怀王。

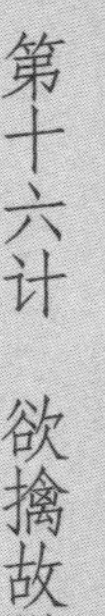

楚怀王是个好大喜功、愿听奉承之人，张仪便尽可能拣好听的说，投其所好，纵其心智。他说：『我们秦王最喜欢的人莫过于你楚怀王，而我心甘情愿效犬马之劳的人，也没有超过你楚怀王的。我们秦王最憎恶的人莫过于齐王，而我最讨厌的人也莫过于齐王。但是大王你却和齐国亲善友好，因此我们秦王不能够支持你楚王，我也不能为你效劳。如果你能听我的话，跟齐国断绝关系，你即可派使者跟我到秦国去，收回秦王过去从楚国兼并的商於地方的六百里土地。这样，齐国就变弱了。你这样做削弱了北面的齐国，施恩于西面的秦国，自己又得了六百多里的商於之地。同时让秦国的美女来做侍奉你的妾婢，秦、楚两国互通婚嫁，永远结为兄弟之邦，这是一举三得四利的美事。』怀王听了眉开眼笑，忘乎所以，不知中计，反而把宰相的印信交给了张仪，把张仪视为功臣，每天请他饮酒作乐，并洋洋自得地说：『我又重新得到了过去失去的商於之地了。』文武百官都纷纷前来向楚怀王祝贺，惟独陈轸郁郁寡欢前来吊慰。楚怀王见状，十分恼怒，问道：『我一兵未发而得到六百里失地，有什么不好？』陈轸回答：『你的想法不对。以我之见，商於的土地不会到手，齐国、秦国却会联合起来，齐、秦一联合，楚国就将大祸临头，危及社稷之安。』怀王问：『你有什么解释吗？』陈轸回答：『秦国之所以重视楚国，就是因为我们有齐国做盟友，现在我们如果与齐国断交毁约，楚国便孤立了，秦国又怎么会偏爱一个孤立无援的国家而白送商於六百里土地呢！张仪此来不怀好意，回到秦国以后，一定会背弃对大王您的许诺。那时大王北与齐国断交，西与秦国结怨，两国必定联合发兵夹攻。为你谋划，不如我们暗中与齐国仍旧修好而只表面上绝交，派人随张仪回去，如果真的割让给我们土地，再与齐

国绝交也为时不晚。』楚怀王斥责道：『请您陈先生闭上嘴巴，不要再说了，等着看我去接收大片土地吧！』于是又重赏张仪。随后下令与齐国断交毁约，派一名将领随张仪前往秦国接受土地。

张仪回到秦国，假装喝醉了从车上跌下来，托辞养病，三个月不出门，转让土地一事束之高阁。楚王知道后，说道：『张仪是不是觉得我与齐国断交做得还不够坚决？』于是便派勇士宋遗借了宋国的符节，北上到齐国去辱骂齐王。齐王大怒，把象征着和好的楚国兵符也折断了，同时降低身份与秦国修好。秦、齐两国修好后，张仪才上朝露面，见到跟随来的楚国使者，故作惊讶地说：『你为什么还不去接受割地？从某处到某处，宽广一共六里。』楚使说：『我奉命接受的是六百里，不是六里。』于是使者愤怒地回国向楚怀王报告，怀王勃然大怒，准备发兵讨伐秦国。陈轸劝阻说：『我可以开口说话吗？讨伐秦国不是个好办法，不如拿一个大城市去贿赂秦王，联合他一起去攻打齐国，把我们给秦国的土地，从齐国要回来，这样我国尚可保全。如今大王已与齐国绝交，又出兵讨伐秦国，这是撮合秦、齐交好，将招引天下大兵群起攻击，国家一定会受到严重的伤害。』怀王一心想复仇雪耻，不听陈轸的劝说，于是和秦国断绝关系，派屈匄率军队西攻秦国，秦国也任命魏章为庶长之职，起兵迎击。

公元前312年春季，秦、楚两国军队在丹阳大战，楚军大败，八万甲士被斩杀，屈绎及以下的列侯、执圭等七十多名官员被俘。秦军乘势夺取了汉中郡。怀王闻讯更加恼羞成怒，怒不可遏，征发国内全部兵力再次袭击秦国，在蓝田决战，楚军再次大败。韩、魏等国听说楚国危困，也向南袭击楚国，直达邓地。楚国听说了，只好率军回救，割让

两座城向秦国求和。

当时，秦国向东扩张势力，遇到的强大阻力和主要敌人是关东齐、韩、魏、赵、燕诸国和南方的楚国，其中楚国和齐国的势力完全可以与秦的力量相抗衡，而楚、齐联盟对秦来说，尤其威胁巨大，秦当然对此不能熟视无睹，无动于衷。秦惠王意识到齐、楚联盟的严重性，派谋士张仪出使楚国，运用诱擒的计谋说服楚怀王，不但完成了离间楚齐联盟的使命，而且凭借三寸不烂之舌，玩弄是非，挑拨君臣关系，乘虚而入，赢得怀王的信任不疑，从而为奸计阴谋的得逞作了铺垫。从用计的技巧看，张仪算是强中之高手，有其诸多巧妙之处：一巧在于他谙悉怀王之习性，不以卑躬屈膝，好言奉迎，低三下四为耻，给怀王留下了好印象，初步取得了信任，有了对话的基础；二巧在于示假隐真示弱隐强，以物欲美女为诱饵，投其所好，极力劝谏楚齐解除盟约以及秦楚联合的美好前景，阐述其利害得失，居然使怀王利令智昏，贪得无厌，完全信服，是非不明，黑白不分，认贼为父，以敌为友，竟将楚国相印授与张仪，真是言听计从，百依百顺，使怀王完全变成了张仪奸计畅通无阻的『通行证』；三巧在于张仪离间楚国君臣关系有方，结果是反客为主，为其乘乱而入、混水摸鱼大开方便之门。楚国君臣上下不和，意见不一，刚愎自用的怀王又听不进忠臣的劝谏，反过来只能与张仪密商国政对策，为其火中取栗，更加纵容了张仪的奸诈阴谋行径；四巧在于使怀王久不得所诺商于之地，中了张仪的诱擒故纵之计谋，还坚信不疑张仪是不会愚弄自己的，反而自责楚与齐的绝裂不够彻底，于是再次派人激怒齐国，逼得齐国乞求与秦联盟对付楚国；五巧在于竟然使怀王彻头彻尾上当受骗后，还不能冷静反

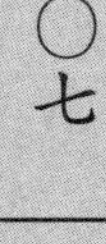

省，听从忠谏善策，居然不分青红皂白，不作周密统筹布置，不顾江山社稷安危，为泄个人私怨，调兵遣将与秦交战，结果是损兵折将失地，又被韩魏诸国乘危占了邓地，最终不得不割城向秦求和，国势大衰。

郑庄公克段于鄢

春秋时期，郑武公的妻子姜氏是申侯的女儿。姜氏生两个儿子，老大名叫姬寤生，是姜氏在睡梦中生下的，预先没有察觉，醒来才发现自己生了孩子，吓了一跳，因此就给他取名为寤生。老二姬段长得魁梧漂亮，面如傅粉，唇若涂朱，力大善射，武艺高强。姜氏对寤生很反感而对姬段却非常喜欢，她一心想让姬段继承丈夫的爵位，就经常在丈夫郑武公面前为姬段说好话，称赞他如何好，是武公爵位最适当的继承人。但郑武公不赞成，并正式把寤生确定为爵位的继承人，只把共城这个很小地方给姬段作领地。因此，姜氏对寤生更加不满。郑武公死后，寤生当了郑国的首领，称为郑庄公。姜氏见姬段没有权力，心中怏怏不乐。她对庄公说：『你继承了你父亲的爵位，拥有数以百里计的土地，而使自己的亲弟弟住在那么小的一个地方，于心何忍呢！』庄公说：『母亲你看该怎么办呢？』姜氏说：『何不把制邑这座城市给你弟弟居住呢？』庄公说：『制邑历来以险著称，先王曾经作出决定，不允许把这个地方分封给任何人。除此以外，别的地方都可以听凭母亲吩咐。』姜氏说：『那就把京城给姬段吧！』庄公默然不语。因为京城是一个很大的城市啊！姜氏就发起怒来，说：『如果连京城都舍不得给你弟弟，那你不如把他驱逐出郑国算了。』庄公没有办法，只好把京城给了他弟弟姬段作领地。

姬段得到京城后，以射猎为名，天天出城训练士卒，大肆招兵买马，不断向外扩张，袭取了郑国的鄢及廪延这两个地方。庄公知道这些消息，只是微笑不语。大臣公子吕对郑庄公说：『姬段倚仗朝内有母亲的宠爱，朝外有坚固的京城可以凭借，日夜训练军队，讲习武艺，大有不达到篡权夺位的目的决不罢休之势，应赶快派兵剿除才是。』郑庄公说：『姬段的罪恶阴谋还没有公开暴露，怎么能派兵征讨呢？』他不仅拒绝了公子吕的劝告，还在公开的场合宣称：『姬段是我母亲最喜爱的儿子，是我非常喜欢的弟弟，我宁愿丢失一些地盘，也不愿伤兄弟的感情，违背母亲的意愿！』公子吕不相信郑庄公说的是真话，就私下会见郑庄公，向他说明姬段的严重危害，求早日派兵剿灭。郑庄公说：『你不要惊慌，我早就考虑好，姬段虽然图谋不轨，但还没有公开造反，我如果派兵征讨，母亲必然从中阻挠。这样，既达不到消除隐患的目的，反而白白惹人议论。我现在干脆不去管他，他一定会倚仗母亲的溺爱肆无忌惮地造反。等他公开反叛时，我再向全国人民公布他的罪行，理直气壮地进行讨伐。这样国内既不会有人帮助他，母亲也无话可说。』公子吕说：『主公深谋远虑，我是比不上的，但如果时间拖得太久，姬段的势力壮大了，那时就不容易剿除。你如果一定要等姬段先动手，可以设法引诱他尽快造反。』郑庄公说：『你有什么好办法呢？』公子吕说：『主公可公开宣布你要到周天子那里去办理政务，姬段见国内空虚，必然乘机造反。我们……如此这般……可使姬段腹背受敌，他必然被擒。』

郑庄公采纳了公子吕的计谋，告别了母亲姜氏，对外宣称到周天子处办理公务，但却向廪延方向慢慢地前进。公

子吕率领200辆战车在京城附近埋伏。姜氏得知郑庄公到周天子那里去的消息，以为造反的时机已到，立即写信给姬段，约定5月上旬里应外合，合谋夺位。当时已经是4月下旬了，但送信的人被公子吕的伏兵捉获。公子吕把这信给庄公看后，又封好，派人扮做姜氏的人把信送给姬段。同时预先派了十辆兵车扮做商贾模样潜入京城埋伏。姬段收到姜氏的信，率领了所有的军队，谎称奉了郑庄公的命令，到国都代理政务。姬段刚出京城不久，公子吕在城内的伏兵就点火为号，打开城门，公子吕率兵一拥而入，占据了京城。姬段出兵才两天，就得到京城失守的报告，心下惊慌，连夜回兵，屯扎在京城之外，准备攻城。但士兵中有人收到城内家人的来信，了解到姬段篡位造反的真相，互相传播，一哄而散。这时郑庄公率兵从廪延方向杀来。姬段见人心已变，腹背受敌，急忙向共城逃去，但共城太小，在郑庄公和公子吕两支大军的合力攻打下，很快就被攻破。姬段听说郑庄公马上就要到来，叹息说：『是母亲害了我啊，我有何面目会见哥哥呢。』于是举剑自杀了。庄公诱使姬段造反，并诛杀他，既绝了后患，又塞了姜氏之口，乃属后发制人之妙用。有一首诗写道：『子弟全凭教育功，养成稔恶陷灾凶。一从京邑公封日，姬段先操掌握中。』

七连败楚终灭庸

战国时期，楚国为了称霸，出兵攻打庸国，庸国军民面对外来侵略，同仇敌忾，奋起抗战，终于赶走了楚军，并且活捉了楚军将领子扬窗。但是由于看守不慎，被囚禁的子扬窗在被押三天之后就越狱逃回了楚国。子扬窗一回国，立即受到国王召见。

『爱将受苦了，快说说庸国的情况。』楚王急切要报仇。

『大王容禀，我看到庸国军队人马强壮，蛮人们都集中在城里，好像随时准备战斗的样子，现在攻打恐怕要吃亏，不如等我们把所有的军队都集合齐后，再去攻打。凭我们的实力，吸取上次的教训，一鼓作气，就能拿下庸国。』子扬窗答道。

『我以为不可，必须现在马上就去攻打庸国，而且只许战败，不许战胜。』另一位楚军将领师叔接过子扬窗的话，提出了完全相反的意见。

『师将军，现在我们刚刚打了败仗，士气低落，本应休整一些时日再战，如果现在继续交战也应想办法打胜，以鼓舞士气才对，为什么要故意打败呢？』其他的将领反问师叔。『说的是，我们不打则已，打就要打赢。』不少将领也随声附和。

师叔说：『敌人刚刚打了胜仗，士气正旺，但也非常容易骄傲。我们现在进攻，敌人必然乘胜击我。我们再故意打败，敌人必然会认为我们战斗力已经衰弱。再连续战败几次，敌人就会认为我们已经不堪一击。敌人骄傲，必然疏于防范，我们乘机发动真正的进攻，定能取胜。』

『此计确实高妙，就由你来具体部署吧！』听这么一说，楚王十分高兴地接受了师叔的建议。其他人也连声称好。

于是，楚军分别以多股兵马轮番与庸国军队交战，每次都是交手不久，便『落荒』而退。这样，三日之内楚军一连和庸军打了七仗，一仗比一仗败的惨，不少马匹、枪械还被庸军缴获，还抓了少部分楚军『俘虏』。庸军感到，楚军已经精疲力竭，不堪一击了。便不再设防，士兵也不再集中了，只剩下部分岗哨。

楚军见庸军已麻痹大意，立即抓住时机，分两路军队开始攻打庸国。同时楚军联合的秦军、巴军也跟随楚军一同包围了庸国。庸军一看这次楚军来势凶猛，不禁大惊失色，原来为庸军助战的蛮人们首先纷纷主动归顺了楚国。庸军孤立无援，又没有设防，很快被楚军消灭。楚军轻而易举灭了庸国。

第十七计　抛砖引玉①

原文

类以诱之，击蒙②也。

按语

诱敌之法甚多，最妙之法，不在疑似之间，而在类同，以固其惑。以旌旗金鼓诱敌者，疑似也；以老弱粮草诱敌者，则类同也。

如楚伐绞③，军其南门。屈瑕曰：『绞小而轻，轻则寡谋，请无捍采樵者以诱之。』从之。绞人获利，明日绞人争出，驱楚役徙于山中。楚人坐守其北门，而伏诸山下，大败之，为城下之盟而还。又如孙膑减灶④而诱杀庞涓。

注释

①抛砖引玉：抛出砖去，引回玉来。出自《景德传灯录·从稔禅师》：『大众晚参，师云：「今夜答话去也，有解问者出来。」时有一僧便出，礼拜。曰：「比来抛砖引玉，却引得个墼子。」』墼子，砖坯。后用作成语，一般作谦词。比喻先发表自己的见解，引出别人的高见。此处作计用，指用同类的现象引诱敌人。②击蒙：《易经·蒙卦》：『上九，击蒙，不利为寇，利御寇。』意思说：上九，制服蒙昧，不利于进攻，而利于防御。《六十四卦经解·蒙》：『击，治也。』运用在战争中，就是使敌人糊涂，搞不清实际情况，以打败他们。③楚伐绞：楚，绞，战

国时诸侯国。前700年，即周桓王五十二年，楚武王进攻绞国。④孙膑减灶：公元前341年，魏国攻打韩国。齐宣王派田忌、孙膑救韩。孙膑直入魏国，利用魏国人认为齐国人胆怯的心理，用减灶的方法，使庞涓误以为齐军逃兵多而轻骑追击，最后庞涓兵败自杀。

译文

用类似的事物去迷惑敌人，使敌人糊里糊涂上当。

（按语）诱惑敌人的方法很多，最妙的方法，不是用似是而非的计策，而是用类似的事物来加强敌人的错觉。用张设旌旗、鸣锣擂鼓去诱惑敌人的，是用疑似法；用老弱残兵和军粮草料去引诱敌人的，才是类似之法。

例如：楚武王率兵进攻绞国，屯扎于绞国都城南门。楚国大臣屈瑕建议说：『绞国虽小而浮躁，浮躁就少谋略。请不要派兵保护上山打柴的樵夫，用来引诱绞军上钩。』楚武王同意了，结果他们被绞军捕获。第二天，绞军都争着出城追截楚国樵夫。伪装打柴的楚兵却向山里奔跑。绞军追到山脚下，一支楚军乘机堵住绞国都城的北门，另一支却埋伏在山脚下大败绞军。绞人只好和楚人订立盟约，举国投降。又如孙膑采取了减灶法，诱使庞涓轻骑追赶，最后使他兵败自刎。

郑武公拓土灭胡

郑武公是一个足智多谋、穷兵黩武的诸侯，他要扩张地盘，便打邻邦胡国（即后之匈奴）的主意。但当时胡国是

一个强大的国家，国王又勇猛善战，经常骚扰边疆。用武力固然不容易，想政治渗透也不可能，因为当时对胡国的内情实在是一无所知。在这样文武无所施其技的时候，惟有采取逐步渗透的战略，不能不忍耐一下，派遣一个亲信到胡国去，打入其最高组织。

郑武公派了一个使者到胡国去，说要攀个亲戚，把自己的女儿嫁给胡国国王。国王听说自然万分高兴。这样，郑武公就做了胡国国王的岳父。

这位新夫人是负有使命的。她到了胡国，下足媚劲，把国王迷惑得昏头昏脑，日日夜夜，花天酒地，连朝也懒得上了，对国家大事简直置之不理。

郑武公知道了，心里暗自高兴。过了一段时间，他忽然召开了一个公开的秘密会议，出席的全是文武高级官员，商议着要怎样开拓疆土，向哪一方面进攻。

大夫关其思说：『从目前形势看，要扩张势力，相当困难，各诸侯国都是守望相助的，有攻守同盟的，一旦有事，必会增强他们的团结，一致与本国为敌。惟有一条路比较容易发展，那就是向「不与中国」的胡国进攻，既可以得实利，名义上又可替朝廷征讨外族，巩固周邦。』

郑武公一听，把脸一沉反问他：『你难道不知道胡国国王是我的女婿吗？』

关其思还继续大发议论，口沫横飞地说出一大套非进攻胡国不可的理由，特别强调国家大事，不可牵涉儿女私情

的话。

『放狗屁！』郑武公火了，厉声斥责他：『这话亏你说得出口！你要置我于不仁不义吗？你想要我女儿守寡吗？好吧，你既然有兴趣叫人家做寡妇，就让你老婆先尝尝这滋味吧！左右！绑这家伙去斩了！』

关其思被斩的消息很快传到了胡国，国王更加感激这位岳父大人。他认为郑国再也不会找他闹事，便放心了，更加纵情于声色之乐，渐渐地连边关都松弛下来，而且郑国的情报人员也可以自由出入。

郑武公已掌握了胡国军政内情，认为时机成熟了，突然下令，挥军进攻胡国。

各大臣都莫名其妙，连忙问：『大王！关大夫过去是因为建议进兵胡国而被斩首的，为什么隔不多久，又要伐胡呢？岂不是出尔反尔？』

『哈哈，哈哈……』郑武公大笑一阵后，摸摸胡子，向群臣解释：『你们根本不知兵不厌诈的妙用，这是我的「欲取故与」的计谋呢！我对胡国早就打定了主意，肯牺牲女儿嫁给他，是为了刺探其国防秘密，斩关其思也不外想坚定他的无外忧之虑的信心，使其放松防备，一到时机成熟，就出其不意，一下子就可以把胡国拿到手。』

『可是，大王！』其中一人说，『这样您的女儿不是要守寡吗！』

『还是关大夫说得对，国家大事，怎可以牵涉儿女私情呢？』

果然，郑军所到之处，势如破竹，仅几个回合，整个胡国已入了郑国版图，那位快婿只空留一个脑袋去朝见岳父大人了。

行使此计谋，既要有一定的远见、智慧，也要有过人的耐心。

墨子行『义』止楚攻

春秋时期，鲁国有一位很聪明的工匠，名叫公输班，人们又叫他鲁班。有一回，他在楚国为楚王制作攻城用的器械云梯。云梯制成以后，准备用它去攻打宋国。这个消息让墨子知道了。墨子名叫墨翟，他是著名的政治家和思想家。墨子很反对打仗，所以听说楚国要攻击宋国，就急急忙忙动身到楚国去，劝阻楚王不要进攻宋国。他走了十天十夜，脚底磨出了茧子和血泡，就从衣服上撕下一条布，把脚包上，继续赶路，终于来到了楚国的国都郢城。

墨子见到了公输班，便对他说：『北方有一个人侮辱我，我请你帮助我把他杀了！』

公输班听了这话，挺不高兴。

墨子又说：『如果你去把那个人杀死，我送给您十斤黄金！』

公输班气急了，嚷道：『我这个人是重视仁义的，我不能去杀人！』

墨子趁机追问道：『你说得好啊，可是你为楚王制造云梯，要去进攻宋国。宋国犯了什么罪呢？人家无罪而你偏去攻打人家，这不是仁义吧？』

公输班被墨子说服了，墨子又去劝说楚王。楚王听了他的一番话，觉得很有道理，就回答他说：

『你讲得都对呀，但是公输班为我制成了云梯，我一定会把宋国打败！』

墨子不慌不忙地说：『那也未必吧！你有攻城的武器，我有守城的办法，咱们来演习一下进攻和防守吧！』说罢，他解下腰带围一个四方形，当做城墙。又拿一块板，当做防御武器，让公输班来攻城。公输班使用他的云梯，九次都被墨子挡回去了。公输班的攻击已经技穷力竭，而墨子的防守本领还没有完。

公输班没有攻下墨子下的城，便说：『我知道有办法战胜你，但是我不说。』

墨子也说：『我知道你认为战胜我的方法是什么，我也不说出来。』

楚王听了他俩的对话，感到莫名其妙，就问墨子说：『你们说的是什么意思啊？』

墨子告诉楚王：

『公输班的意思是把我杀掉，宋国就没人守得住了，你便可以获得胜利。其实他想错了，我有弟子三百多人，他们都用我的防御武器守在宋城上，等待楚王发兵哩！所以，你们即使杀了我一个，也是无济于事的。』

楚王听了这话，对墨子十分佩服，连忙说：『好啊，好啊，不要去攻打宋国了！』

于是楚国和宋国之间，避免了一场战争。

秦国抛『金』开蜀路

战国时期，蜀国是一个小国，它地处僻远之壤，入蜀之道艰险而漫长，故诸多大国虽对它的富庶垂涎欲滴，却终因兵无所至、鞭长莫及而束手无策，只得拭目而忍其存。蜀国虽小而能长期自存。

蜀国北部边界相连的是强秦之国，到秦惠文王时（前337—311年），便利用蜀侯的贪婪之欲与蠢行愚智，设计、运用了一条抛『金』砖香『饵』，而钓引蜀侯上钩，再夺取蜀国之地，以引『玉』的妙策。当时，秦王探侦得悉，蜀国有五个大力士，俱有神力功夫，举国上下皆颇为钦敬。于是，便命人用生铁铸造成五个大铁牛，放在秦蜀两国交界的边境地方，且派人四处扬言说，此铁牛乃是天降神牛，每天能遗出五斗的金矢（屎），且天天不断，具有神功妙力，价值连城。有此神牛之后，致使秦国更富，民人皆惊且喜，等等，借以招引起蜀侯的贪欲与夺获以肥己之心。

与此同时，秦王还估算推测时间，借在秦蜀交界的边境一带打猎之机，故意装作偶尔与蜀侯相遇时，便向蜀侯谈及石牛（即铁牛）之事，且立即送赠给蜀侯许多金子，蜀侯问及来处，秦王则告之此为神牛所遗。而蜀侯为报秦王的馈赠之礼，便送了一把蜀国的国土给秦王，以相答谢。同时，秦王得到蜀侯的国土回赠后，却又佯作十分慷慨大方的样子，答应贪得无厌的蜀侯的一再要求，表示愿将天降于秦国的五个能遗金矢（屎）的石牛送给蜀侯。蜀侯一听，真是喜出望外，一再感谢秦王的厚赠。但是，秦王却要求蜀侯自己派人来到边界搬取石牛。蜀侯连连答应说好！好！如此照办。蜀侯回国之后，急欲得取这每日能遗金矢（屎）之石牛，便决定派五个大力士开通通往秦国边界的道路，然

后取回这五只石牛。

结果，这五个蜀国的大力士，历尽艰险，终于带兵将蜀国首都通往秦国边界的道路开通了。他们也真的将石牛搬运到了蜀国，发现石牛的肚子里确实藏有很多金子。但是，诡计多端的秦王却派军队沿着搬运石牛的这条路进军，很快便打到了蜀国，夺占了蜀国的首都，活捉了蜀侯，不但将这些石牛与金子全部收了回去，而且灭蜀后将蜀地划为自己的属部。

第十八计　擒贼擒王

原文

摧其坚，夺其魁，以解其体。龙战于野，其道穷也①。

按语

攻胜，则利不胜取。取小遗大，卒之利、将之累、帅之害、功之亏也。全胜而不摧坚擒王，是纵虎归山也。擒王之法，不可图辨旌旗，而当察其阵中之首动。

昔张巡与尹子奇②战，直冲敌营，至子奇麾下，营中大乱，斩贼将五十余人，杀士卒五千余人。巡欲射子奇而不识，剡稿为矢③。中者喜，谓巡矢尽，走白子奇，乃得其状。使霁云④射之，中其左目，几获之，子奇乃收军退还。

注释

①龙战于野，其道穷也：《易经·坤卦》：『象曰：龙战于野，其道穷也。』意思说，龙战于原野里，便是到了穷途末路了。②张巡：唐将，安史之乱时率部抵抗敌军。肃宗至德二载（757年）守睢阳（今河南省商邱南），被安庆绪的部将尹子奇围困，坚守数月后壮烈殉国。③剡稿为矢：剡，削尖；稿，稻草。削尖稻草作为箭。④霁云：南霁云，唐将，为张巡部下，后与张巡一同殉国。

译文

摧毁敌人的主力，抓住他的首领，就可以瓦解他们的整体力量。正如蛟龙战于原野，就面临绝境了。

（按语）如果打了胜仗，那么利益是取之不尽的。如果满足于获得小的利益，而丧失获取大的利益，这是士兵的好事，可以减少伤亡，却会成为将军的累赘、主帅的祸害，前功尽弃。大获全胜而没有摧毁敌人的主力，捉拿他的首领，就是放虎归山。捉拿敌人首领的方法，不要只想从旗帜上去辨别，而应当观察敌人阵地上的主要指挥者。

从前，张巡与尹子奇作战，率军冲向敌营，到尹子奇的帅旗下，使敌营大乱，并斩杀了贼将五十余名、士兵五千余人。张巡想射死尹子奇，却不认识他，便削尖稻秆当箭射，敌兵中箭的很高兴，以为张巡的箭用完了，便去报告尹子奇。于是张巡认出了尹子奇，命令南霁云射他，正中尹子奇的左眼，差点把他俘获了。尹子奇只好收兵撤退。

经典事例

集中火力轰旗舰

1905年，日俄战争爆发，海防同时开战，以争夺对大清帝国和朝鲜的控制权。在海战中，日军联合舰队总司令东乡平八郎和俄军太平洋舰队司令马卡罗夫相互斗智，最终以马卡罗夫葬身鱼腹而告结束。

马卡罗夫是当时世界首屈一指的战术家，他的《海战论》被译成多国文字。当时世界上有一种说法：谁想当海军司令就必须读这部经典著作。俄国舰队也因为有这样一个优秀的指挥员而非常自豪，对和日军作战充满必胜信心。日

军舰队总司令东乡深知马卡罗夫指挥作战的厉害。他认为，要想战胜俄军，必先消灭马卡罗夫，如果把世界上最优秀的海战家打败，那么它的意义远不是消灭一个普通的海军将领。所以，马卡罗夫的《海战论》一出版，东乡就设法搞到手仔细研读，直到能够背诵。他在研读中发现，《海战论》也有缺陷。他还深入调查研究马卡罗夫的性格和气质，就连马卡罗夫什么情况下能够发挥特长，什么时候容易急躁等弱点都进行了详细的分析。相反，马卡罗夫则自恃天下无敌，根本没有把东乡放在眼里，他不仅不去研究对手，更不知对手在处心积虑地研究他。

海战开始后，日军舰艇比俄军少，处于劣势，由于东乡已经详细了解了马卡罗夫的特点，所以成竹在胸。原来，马卡罗夫是一员猛将，每次作战他都爱在舰队的前头出击，一受挑战就暴跳如雷，失去冷静。东乡正是准备利用这一点，引马卡罗夫上钩，先击毙马卡罗夫，动摇俄军军心。然后再一举全歼俄舰。

按照东乡的安排，日军利用晚上在马卡罗夫盘踞的中国旅顺港外围布满了水雷。次日拂晓，东乡命一艘战斗力较弱的舰艇接近旅顺港，该舰不时用炮向港口射击。马卡罗夫因为在前几天刚吃了日军的亏，十分恼怒，几天坐立不安，一心要找机会报仇，这次一见日军主动进攻，老毛病果然又犯了，他认为报仇的好机会来了，立即下令：『全舰出击！追上日舰，务必击沉！』

参谋们提醒说：『日军在港外布满了水雷，需派扫雷舰扫清水雷，才可追击，以免无谓损失。』『时间紧迫，敌舰已开始退缩，现在不马上追击，贻误战机，军法不容！』马卡罗夫急于找日舰作战，哪能听得

进！他毫不理会参谋们的建议，亲自登上第一艘战舰，命令：『加大马力，全速前进！』

日舰一看马卡罗夫亲自带舰队追击，且战且退，把马卡罗夫引入了雷区，这时，早已在前方水域等候的东乡，率领日军舰队出现在马卡罗夫正面，马卡罗夫这才知道事情不妙，原来正中了东乡的诡计。东乡命令各舰：『集中火力，攻击敌人首舰，务必击沉。』

马卡罗夫急忙命令各舰：『迅速调头，返回港口。』但为时已晚。东乡早已料到这一点，所以，事先就把水雷布置在马卡罗夫返航的水区。只听一声巨响，海面上升起一道冲天的水柱，马卡罗夫所乘俄军首舰触雷爆炸，一代名将马卡罗夫带着终生遗憾葬身海底。首舰沉没，主帅毙命，一直把马卡罗夫引为骄傲的俄军舰队士气大落，群龙无首，队伍大乱，纷纷各自逃命，有的水兵只怕给军舰陪葬，匆忙弃舰跳水，又遭到日舰射击，无一生还。

这以后，俄军元气大伤，一蹶不振，战争的结果是，东乡率领的日军舰队不仅全歼俄太平洋舰队，连后来增援的俄波罗的海舰队也全军覆没。

东乡在敌强我弱的情况下，利用马卡罗夫的弱点，采取先擒主帅，动其根基的战术，在世界海战史上写下了精彩的一笔。

山本五十六折戟

提起山本五十六，美国兵没有一个不切齿痛恨的。山本不仅仅是日本海军总司令，而且是太平洋战争的主要策划者。他背信弃义地指挥日军进攻美国海军基地珍珠港，造成美国太平洋舰队几乎全军覆没，伤亡3600余人。但山本机关算尽，也没能逃脱美军的惩罚。在二次大战中发生了一场神秘的空中截击战，山本就是在这场空战中结束其罪恶的一生的。他的死也使更多无辜的人免遭伤害。关于这次空战的真相，直到战争结束很久以后才公诸于世。

1943年4月13日傍晚，一封代号为『NTE—第131755号』的绝密电报飞越辽阔的太平洋海空，到达日军的所罗门群岛各指挥部。电报上通知了山本五十六即将前去视察的计划。日本人认为这种使用5位数的乱数式密码是根本无法破译的。谁知，美国海军发明了一种自称为『魔术』的破译技术，破译速度极快，准确性极高。他们用了一晚上时间，就破译了这份电报。很快，这份电报就送到了美国总统罗斯福的案头。总统亲自作出了干掉山本五十六的决定，并给这次行动起了一个恰如其分的代号——『复仇』。

1943年4月17日傍晚，美国空军少校仲玛斯·格·朗菲尔接到命令，要他迅速前往亨德逊军营作战室。同他一起到达的还有第339歼击机大队长约翰·米歇尔少校。他们俩都因在瓜达尔卡纳尔岛争夺战中战绩卓著，而受到上级赏识和器重。一走进又霉又湿的掩蔽室，他们立刻意识到指挥部正在准备什么重大行动，部队的高级军官差不多全部到会。这时，一名海军陆战队少校交给他们一份标有绝密字样的电报。

电报说：山本以及他的参谋部的高级军官将于4月18日抵达布干维尔岛，『第339大队应全力以赴截击并击落

它。总统对此次行动极为关注』。电报接着介绍了日本飞机的编队及其精确时间表。这份电报是由美国海军部长弗莱克·诺克斯亲笔签署的。

会议的气氛非常紧张。米歇尔和朗菲尔互相看了一眼。西南太平洋上的布干维尔岛距他们500公里，只有他们驾驶的洛克希德闪电式战斗机能完成这次截击任务。

山本当时59岁，是一个身体矮胖、处事大胆谨慎的统帅。他亲手建立了现代化的日本海军，并擅长于指挥夜战以及对舰艇实施鱼雷战。他统帅的日本海军曾击沉过无数美国舰只。他还是日本空军的先驱，协助制造了二战时期威震长空的『零式』飞机。他对航空母舰的信心和远见，使他一度掌握了海战的主动权。

由于他是如此重要的人物，决定打他的座机就不是那么轻率了。这是一场战争还是暗杀？经过讨论，大家都同意太平洋美军司令切斯特·尼米兹上将的看法：既然山本在战争中是敌方一个关键人物而又无可替代，那就必须消灭他。

要消灭山本，并非轻而易举，必须进行十分周密的空战部署。于是，在瓜达尔卡纳尔岛的掩蔽部里，美军参谋人员开始紧张地制定作战计划。山本将于第二天上午9时45分抵达布干维尔岛卡伊里机场。他们最后决定，在他降落前10分钟，在机场以北56公里的上空拦截他。任务的分配是，米歇尔少校率339大队掩护，朗菲尔带领3架飞机截击。

一个陆军情报官在介绍山本五十六时，特别强调说：『山本是个极为准时的人，美国空军的飞机也必须准时，一

分不差。』

4月18日，星期天，瓜达尔卡纳尔岛天气晴朗而湿润，海风徐徐吹来，令人十分惬意。但宁静的气氛，掩盖不住美军飞行员心里的激动，因为他们将去执行一项特殊使命，而且只许成功，不许失败。7时25分，截击机群准时离开跑道，直插蓝天，向北飞去。

他们迎着朝阳飞行时，16架战斗机队形密集，一直保持无线电静默。9点32分，他们终于接近了布干维尔岛。这是一个大岛，岛上密布着盘根错节的原始森林。米歇尔开始加速，率领他的大队爬高到6000米高空。朗菲尔同他的中队随后也升至3000米。

9点34分，差一分钟就该看到目标了，仍然什么也没有发现，他们随时都有被日本飞机发现的危险。要知道，岛上有100多架『零式』战斗机，他们势单力薄，无法匹敌。准时的大将现在何处呢？

不一会儿，米歇尔大队一位飞行员急促的话音打破了寂静：『敌人，左上方，方位八！』的确，在不远的地方出现了排成V字形的一些黑点。随着距离的缩短，朗菲尔发现共有8架飞机，两架绿色伪装的双引擎轰炸机和6架『零式』护航战斗机，编队向北飞来。他瞥了一眼手表，9点35分，大将准时极了，简直分秒不差。当然，他们也很准时。

米歇尔大队和朗菲尔中队的飞行员们，立刻丢掉了副油箱，准备战斗。突然，朗菲尔的第二小队为了丢掉副油箱而偏离了航线，现在只有他的僚机巴贝尔和他单独来进行战斗了。

他们迅速接近敌机。敌机丢掉副油箱爬高，向他们扑来。前面那架轰炸机趁机下降，朝原始森林方向飞去，而第二架迅速爬高，直接朝朗菲尔冲来，当他下降朝第一架轰炸机追击时，有三架零式战斗机垂直下降，从上面向他扑来。他把操纵杆一推，瞄准前面一架零式战斗机，随即射出一连串的炮弹。这架零式飞机冒着一串黑烟和火舌，摇摇晃晃地坠落下去。

朗菲尔重新将飞机拉起，倒转座机寻找在混战中逃脱他视线的那架轰炸机。在巴贝尔同敌机交火的一刹那，他发现两架零式战斗机正朝他瞄准，同时看到在原始森林上方有一个绿色的影子，朗菲尔立刻意识到这个小小的绿色的影子，正是刚才飞往原始森林的第一架轰炸机。他不顾一切地追上它，低得几乎贴近树梢，然后朝它又发射了一连串的炮弹。只见这架轰炸机拖着一条长长的烟带，向原始森林扎去，随着一声巨响，轰炸机摔得粉碎。

与此同时，巴贝尔也把另一架轰炸机打入海中。截击任务胜利完成，美军飞机迅速撤离战场。朗菲尔以之字形方式飞离原始森林上空，而后以最大速度爬高，终于摆脱了零式战斗机的追击。

这场空战速战速决，只用了3分钟便圆满完成了使命。山本这位被日本称为『名将之花』的战争赌徒，终于将自己的生命赌进了太平洋。

『大和』号梦断大洋

1945年4月5日晚，日本列岛南部的濑户内海，正在集结一支舰队。这支舰队很不协调，一艘巨舰就像一座小岛

耸立在海上，而周围的其他军舰和它相比，小得几乎可以忽略。这艘巨舰就是日本海军剩下的最后一张王牌——『大和』号战列舰。此时，它正准备出征，为挽救日本失败的命运，进行最后的决战。

为了防空，舰队正实施灯火管制，从外面看军舰漆黑一团。但如果走进舱里，每条舰都是灯火通明，人声鼎沸。餐桌上杯盘狼藉，官兵正在歇斯底里地狂饮暴食，大喊大叫。他们从来没有这样放纵过。不时有人从贴胸的衣袋里掏出亲人的照片，狂暴的喧嚣又会变成一片嚎啕大哭。

在『大和』号一个密封舱内，一个小规模的宴会正在举行。在座的是各舰舰长和第二舰队司令伊藤整一中将以及从东京乘水上飞机飞来的联合舰队司令丰田福武大将。这里的气氛显得凝重、拘谨，甚至没有人说话，也没有人举杯。

桌上是一份由丰田将军亲笔签署的命令：『帝国命运在此一战，卑职命令以伊藤第二舰队为主，组织一支海上特攻部队，以壮烈无比之英勇突入冲绳作战，以此一举振我帝国海军声威，荣光后世，为帝国奠定永恒基础！』

这时的第二舰队和联合舰队几乎已经是一回事了。经马里亚纳和莱特湾海战后，联合舰队损失殆尽，除伊藤属下的超级巨舰『大和』号和一艘巡洋舰、几艘驱逐舰外，剩下的就是出不了远海的巡逻艇。

命令中所说的『特攻』和『自杀』是同义语，在座的都明白其中的含意。自从美军开始攻打日本本土的『大门』冲绳岛以后，每天都有近百架神风自杀飞机去冲绳『特攻』，没有一架返回。伊藤舰队只装了仅够到达冲绳的单程燃

油，这些油几乎是搜刮尽了海军的油库才凑足的。美军已经切断日本到南洋的资源补给线。由于能源短缺，一到晚上，日本列岛除了美机空袭燃起的大火外，到处是黑暗一片。

『你们到冲绳海域后，即对美军登陆船队展开猛烈攻击，待弹药耗尽后，便凫水上岸，加入陆上抵抗部队！』丰田补充说道。

丰田复述了作战计划后，各位舰长默然领命。为了轻装上阵，舰队已把伤病员和40岁以上的老兵遣送上岸，但不少人拒绝服从，甚至写了血书，要求与舰队共存亡。

冲绳战役打响后，美军第五舰队司令斯普鲁恩斯除考虑招架神风飞机的攻击，支援陆上作战外，还惦记着另一件事情，那就是日本的『大和』号战列舰。因为『大和』号不同于一般的军舰，它太强大了。

1934年底，日本退出了限制海军军备的国际协定后，就开始阴谋建造巨舰。『大和』号1937年动工，1941年底建成下水。它没能赶上袭击珍珠港，却参加了中途岛海战。它舰长263米，比一个足球场还要大，排水达6.4万吨，相当于一艘航空母舰，舰上装有9门460毫米口径的巨炮。这些数字都创造了世界造舰史之最，当年震惊西方海军界的德国『俾斯麦』号和它比，也只能是『小巫见大巫』。『大和』号一发炮弹重达一吨半，相当于一辆小卡车的重量，壮汉可以自由自在地在炮筒里睡觉。舷侧钢甲厚达半米，被称为『永不沉没的大和』。『大和』既是一艘军舰，又象征着日本的民族之魂，服役后就成为联合舰队的旗舰。按理说，没有一艘美舰是它的对手，如果让它闯进冲绳近海，一发炮弹就可以击沉一艘美国登陆舰，因此，当『大和』号还停在日本军港吴港整修时，美军侦察机和潜水艇就对它进行严密的监视。

4月5日晚，『大和』号一出发，就被守候在海上的美国海军潜艇发现，并立即报告了第五舰队。舰队司令斯普鲁恩斯在旗舰『新墨西哥』号上收到电报后，立即对冲绳海面的各型军舰都作了紧急部署，分散的舰群集中起来，运送弹药、油料的支援舰只穿梭来往，进行快速补给。

斯普鲁恩斯计划率领冲绳附近的10艘战列舰和众多巡洋舰，设下口袋，集火聚歼『大和』号。但是，他属下航空母舰编队——第五十八特混编队的司令米彻尔中将坚决反对，他认为『大和』号猛烈的火力，对美国军舰是一种威胁，而使用航空兵突击，更有利于扬长避短。双方为此争执不下。

4月7日上午，『大和』号驶向了米彻尔舰队所在的海域。于是米彻尔捷足先登，率先对『大和』号及其所属舰队发起攻击。

11时30分，设在冲绳以北一个小岛上的日军观察站看到，约200多架美机遮天蔽日，向北飞去。报警的电报急速北飞：『他们来了！』

伊藤舰队的各条舰上警铃大作，炮手各就各位，大小口径的高射炮都抬起了头，对空中紧张地搜索。午后不久，位于菱形舰阵最前端的一艘巡洋舰首先发现来袭的飞机，它迅即向『大和』号发出警报。就在美机要临空时，突然乌

云蔽住了天空，海面上变得阴暗无比，天上的飞机失去了目标。

『感谢天照大神佑护！』日本军舰上的炮手们欢呼雀跃起来。

可是好景不长。10分钟后，乌云过去，在高空盘旋的飞机，一架架吼叫着扑了下来。舰群高炮齐鸣，形成一张密集的火网，一些美机被击中了，哀叫着栽进大海。但不少美机突破了火网，鱼雷机飞到舰群贴近海面的地方，投下一枚枚鱼雷，然后再拉起，消失在远空中。俯冲轰炸机则直扑军舰，炸弹雨点般地落下。军舰既要对空射击，躲开炸弹，又要在海面上机动，躲避鱼雷，一时间乱了阵脚。

『大和』号甲板上中了几颗炸弹，歪七扭八躺着一大堆炮手的尸体。后部的雷达室被炸毁，8个操纵手连完整的尸体都没有。它的左舷中了一枚鱼雷，但厚厚的装甲保护了它，似乎毫不在乎，仍以20节的速度向冲绳前进。指挥舱内，舰长有贺辛夫大佐在指挥作战，伊藤仁立旁边，神情漠然。

第二、第三波攻击接踵而至，每波都有近150架飞机。米彻尔的3个航母突击群、16艘航空母舰的攻击机几乎倾巢出动，他在200海里外自己的旗舰『列克星敦』号上，目送一批批战鹰远去，又看着它们一批批胜利返航。舰上的升降机一刻不停，把归来的飞机送入底舱加油装弹，再举上舱面，作好再次出击的准备。

『大和』号周围的海面上，炸弹的水柱一道道升起；鱼雷像洁白的银丝，穿梭不息。有贺幸夫指挥着庞大的军舰作之字形机动，然而，躲了这个躲不过那个，不断有鱼雷命中的爆炸声。周围护航的驱逐舰也有几艘受伤，它们仍紧跟『大和』号，试图为『大和』号挡住鱼雷，但鱼雷太多了，挡不胜挡。美机中也有中弹起火的，但中弹时都把鱼雷和炸弹投射出来，其勇猛之态不亚于冲绳海域的日本神风飞机。军舰上的日本兵有些想不通，因为长官总是告诉他们，大鼻子的美国人都是怕死的『脓包』。

第二波攻击，『大和』号左舷中了3枚鱼雷。第三波中了5枚。甲板上命中了多少炸弹已不可计数。换了别的军舰，可能早已沉没了，但『大和』号还硬挺着。

倾斜器的指针表示舰体横倾已达到18度，左部舱室不断传来进水的报告。有贺抓过通往左舱室的话筒，高声叫着『快，右舱室注水，恢复平衡！』这是惟一的挽救办法，舰体横倾到一定程度，就会倾覆。

右舷轮机舱的水手匆忙打开注水开关。但这时右舷也被鱼雷击中，大量的海水突然涌进，100多名水手来不及撤出，竟被淹死在舱内。『大和』号横倾还在加剧，航速已降到9节。

这一切伊藤都看在眼里，他取下眼镜，用手绢擦了擦，对有贺说：『有贺君，一切由你指挥，拜托了。』然后，伊藤就回到了自己的船舱，等待最后时刻的到来。

鱼雷仍在不断地命中，舰体横倾到30度，左舷已贴近水面，恢复平衡已不可能。有贺决定弃舰，但在弃舰前，他必须完成一个动作：『转左舵，舰首向北！』

按日本民间习俗，死人应该头向北。『大和』号也应这样。『大和』利用残剩的一点动力，扭动着笨重的躯体，

但只转到一半角度，就再也转不动了。

有贺要通了伊藤的舱室，请长官离舰。伊藤拒绝了，他站在倾斜的司令舱门口，尽力保持身体平衡。他握了握副官的手，反身把自己扣在舱里。

军舰的倾斜度还在急剧增大，命中的炸弹爆炸声不断。有贺获悉伊藤的决定后，也安排好了自己的结局。他让一个士兵找来一根绳子，把自己绑在罗盘仪上。他会游泳，怕万一自沉不了，当战俘受辱。几个士兵也想学有贺的样子，他的副官则拔出指挥刀，准备切腹。有贺一脚把他踢翻，暴叫着：

『八格！年轻人要活下去效忠天皇，快去跳海！』

成群的士兵，有的穿着救生衣，有的抱着一块木板，跳向大海。

惟一的一艘巡洋舰已经沉没了，护卫的8艘驱逐舰4艘沉没，其余均受创。美国飞机显然对剩下的几个小不点不感兴趣，眼看着『大和』号即将沉没，美机攻击减弱，准备打道回府了。

下午2时25分，『大和』号在遭受几十条鱼雷和上百枚重磅炸弹的打击后，终于横倒大海面上，主桅上的太阳旗也落水。弹药舱特制的1170发巨型炮弹只打了3发，随着舱体的旋转开始猛烈撞击，只要有一发爆炸，就会引起全舰爆炸，『大和』号将粉身碎骨。

军舰在急速下沉，就在没入水面的一刹那，海面形成一个深50米的巨大水窝，许多临近的落水者也被吸了进去。

紧接着，弹药舱在水下爆炸，溅起的水柱直冲云霄，几乎要吞噬低空掠过的美机，刚被吸入漩涡的人，又被爆炸抛向了半空中。

『大和』带着伊藤、有贺和不愿离舰的官兵，也带着战争的迷梦沉入了冰冷的海底。

第十九计　釜底抽薪[1]

原文

不敌其力，而消其势。兑下乾上之象[2]。

水沸者，力也，火之力也，阳中之阳也，锐不可当；薪者，火之魄也，即力之势也，阳中之阴也，近而无害。故力不可当而势犹可消。尉缭子[3]曰：『气实则斗，气夺则走。』而夺气之法，则在攻心。昔吴汉[4]为大司马，有寇夜攻汉营，军中惊扰，汉坚卧不动。军中闻汉不动，有倾乃定。乃选精兵反击，大破之。此即不直当其力而扑消其势也。

宋薛长儒[5]为汉、湖、滑三州通判[6]，驻汉州。州兵数百叛，开营门，谋杀知州、兵马监押[7]，烧营以为乱。有来告者，知州、监押皆不敢出。长儒挺身徒步，自坏垣入其营中，以福祸语乱卒曰：『汝辈皆有父母妻子，何故作此？叛者立于左，胁从者立于右！』于是，不与谋者数百人皆趋立于右，独主谋者十三人突门而出，散于诸村野，寻捕获。时谓非长儒，则一城涂炭[8]矣！此即攻心夺气之用也。

或曰：敌与敌对，捣强敌之虚，以败其将成之功也。

注释

①釜底抽薪：釜，一种炊具，锅。把锅底下烧着的柴草拿走。比喻从根本上解决问题。②兑下乾上之象：即履卦。《易经·履卦》：『履虎尾，不咥人，亨。』象曰：『履，柔履刚也。』其意思是：柔顺者小心地随在刚强者之后，则不会受到伤害，一切顺利。③尉缭子：战国末期的军事家，魏国大梁（今河南省开封）人。有《尉缭子》一书传世。引文见《尉缭子·战威第四》。④吴汉：东汉名将。南阳宛（今河南省南阳）人，字子颜。王莽末，投奔刘秀，为偏将军。刘秀即位后，任大司马，封舞阳侯，为云台三十二将之一。⑤薛长儒：宋代名臣，宋代绛州（今山西省新绛），正平人。字元卿，曾任汉、湖、滑三州通判，后知彭州。⑥通判：官名。宋初始设于各州府，有共同处理地方政务之意。地位略次于地方官，但有监察官吏之特权，故又称『监州』。知州，州的最高长官。⑦兵马监押：宋代掌管全州军事的武官。⑧涂炭：涂，泥沼；炭，炭火。指人民陷于泥沼，坠入炭火，痛苦万分，即水深火热之意。

译文

力量上战胜不了敌人，就要设法去消解敌人的气势。根据履卦卦象：不能以硬碰硬，而应该以柔克刚。

水之所以沸腾是靠了火的力量。烈火为热中最热的东西，刚劲猛烈，不可阻挡。柴草，却是火的精魄，也就是火势的动力。柴草燃烧能发热，本身却是凉性的，靠近它不会被烧伤。所以，猛烈的力量虽然阻挡不了，它的气势却可

以削弱的。尉缭子说：『士气旺盛，就投入战斗；士气消沉，就避开敌人。』而削弱敌军士气的方法，就在于从心理上瓦解敌人的斗志。

东汉初年，吴汉做大司马时，敌人在黑夜里袭击军营。当时军营里开始惊慌混乱，而吴汉却稳稳地躺在床上不动。将士们听说吴汉一点不慌，从容休息，很快也就镇静下来。这时吴汉才选出精兵反击，大败敌人。这就是不直接去对抗敌人的力量，而是去扑灭削弱敌人气焰的办法。

宋朝时，薛长儒担任汉州、湖州、滑州三州的通判，驻扎在汉州。数百名州兵发生叛乱。他们打开营门，准备杀死知州和兵马监押，并烧毁营寨作乱。有人前来报告，知州和监押都不敢出来。长儒却挺身而出，徒步从断墙处走入军营。他以福祸利害各种关系劝导叛乱的士兵说：『你们都有父母妻子，为什么做出这样的事情？指使叛乱者往左边站，胁从者往右边站！』于是没有参与策划叛乱的几百人赶忙走向右边，只有策划叛乱的十三人从营门仓皇逃走，分散到各乡村躲藏，不久都被捉拿归案。当时人们都说，如果不是薛长儒，那么全城都要遭祸了。这就是从心理上瓦解敌人士气的计谋。

有人说：当敌人之间相互攻打时，我军乘机袭击两敌中更强一方敌人的后方，以破坏它即将取得的胜利。这也是釜底抽薪之计。

经典事例

用贸易压服敌国

春秋时，齐桓公认为楚国是齐国的最大威胁，但齐当时要从军事上战胜楚国又力不从心。齐桓公同管仲谋划对敌斗争策略，决定首先从经济上增强自己的实力，再『釜底抽薪』，搞垮楚国的经济。原来，楚国产鹿，一头鹿值8万钱。齐国根据这个情况，首先组织大部分人种粮食，再让一部分人铸钱。粮食丰富了，钱也多了，就派人载2000万钱去楚国买鹿。楚王见有利可图，便号召全国老百姓养鹿，楚国许多人因而放弃农业。楚国养鹿的收入虽然一下子扩大了5倍，而齐国却使粮食储备扩大了5倍。这时，齐国突然决定断绝与楚国的贸易。楚国有了钱，但缺少粮食，不得已求助于齐国。楚国的老百姓看到齐国人民丰家足食，便纷纷逃离楚国，投奔齐国，不到三年楚国国力衰竭，十分被动。齐国还运用类似的手段征服了梁国。当时梁国纺织业比较发达，国人特别擅长织绨。齐国便采取高价收买的政策，以刺激梁国百姓弃农织绨。等到农时一过，齐国便不再买绨，同时还不准对梁国出售粮食，致使梁国完全丧失经济独立，百姓纷纷往齐国求生。不久，梁国也就被迫宣布归附齐国了。

战争是政治的继续，政治是经济的集中表现。没有一定的经济力量作为后盾，战争就无法支持下去。贸易对于一个国家的经济、军事具有不可或缺的重要意义。齐桓公和管仲制定的策略高明之处就在于看到了这一点，运用釜底抽薪之计，从经济基础上打垮敌国，由此可见，一个国家不发展对外贸易不行，但完全依赖于此也不行，易受制于人。

中计易将败长平

战国后期，列国兼并剧烈，秦国最强。秦昭襄王在南方打败了劲敌楚国之后，转向北方。公元前262年，使大将王龁伐韩，攻克野王（今河南沁阳），断了韩国本土与上党地区的联系（从上党到韩都新郑，是从野王渡河）。包括泽州、潞州等17个县的上党太守冯亭与吏民商议：『秦得野王，上党就保不住了，与其降秦，不如降赵。赵韩联合起来，凡能抵抗秦国。』就派使者将上党地图献给赵孝成王。赵孝成王接受上党地图后，派平原君率兵5万到上党受地，封冯亭三万户，17县令为三千户。冯亭不受封，说：『我不能出卖韩国土地来得到赏赐。上党之归赵，是因为韩国无力独立抗秦，希望公子奏闻赵王，快遣名将率领大军，来抵御秦国。』平原君回报赵王。赵王却只顾置酒庆贺得地，迟迟不发兵。

秦将王龁率军攻上党，冯亭坚守两月，赵国援兵不到，就领着吏民投奔赵国。这时赵王才派廉颇上将，带20万来救上党，行至上党县西41里的长平关（今山西高平北），遇到冯亭，知上党已失，就在长平关的金门山下筑垒扎营，派出前哨赵茄等与秦军打了几仗，损将失地，知秦军强大，就坚壁固守，传谕各营，用心把守，勿与秦战。还让军士掘地深数丈以注水，军士们却不解其意。那王龁率大军距金门山10里下寨，后又移到离赵营五里处，再三挑战，廉颇坚守不出，并传令：『出战者虽胜也斩。』金门山上有流涧，名杨谷，秦、赵两军共饮涧水，秦上游，秦军就筑上堤坝，断涧水，这时，赵军就饮预掘深坝中的水。两军相持四月，王龁不得一战，无可奈何。

这时秦王召应侯范雎商议。范雎道：『廉颇打仗有经验。他知道秦军强，不轻战，而秦军道远，不能持久。他欲以坚壁之策，把秦军拖垮。如廉颇不去，秦军无法取胜。我有一「反间计」，如此如此，可去掉廉颇。』秦王采纳。范雎就派心腹门客到赵都邯郸，用千金贿赂赵王左右，散布流言：『秦军最怕马服君赵奢，听说其子赵括比父亲还勇敢，惟恐赵王任赵括为将。廉颇年老胆小，不出多日，就要投降秦国了。』赵王见廉颇损兵折将，又不出战，颇为不满，这时就听信流言，把赵括召来，问他：『你能为我打败秦军吗？』赵括道：『这要看秦军统帅是谁？武安君白起攻打韩、魏、楚，战无不胜，攻无不克，如他出帅，臣与之对垒，胜负各半。今秦国以王龁统帅，他对付廉颇尚可，若与我对敌，就如秋叶遇劲风，自被迅速扫清。』王大喜，拜赵括为上将，赐黄金彩帛，又增派劲军20万。赵母闻讯，上书谏赵王，切不可任赵括为将。赵王召赵母，问之。母对说：『括父奢为将时，所得赏赐，都分给军吏；一旦受命，就宿在军中，不问家事，与士卒同甘苦，有事与众人商议，不敢专断。』今括为将，军吏不敢仰视；所赐金帛都拿回家中。括虽熟读兵书，却不善应用。其父临终时曾说：『如括当了将帅，赵国必败。』赵王不听，赵母说：『王不听劝说，以后若兵败，请求王不要株连我的一家。』赵王答应。

范雎的门客在邯郸，打听得赵王已拜赵括为大将，连夜奔回咸阳报信。秦王大喜，与范雎计议，决定遣白起为上将，王龁为副，传令军中严守秘密：『泄露武安君为将者斩。』

赵括率军来到长平，接替廉颇后，全部取消了廉颇原来的命令，全部撤换了原来的将领，冯亭在军中，屡谏不

听。传令道：『秦兵若来，都要奋勇迎击，如得胜，就追逐。务使秦军一骑不返。』

白起来到秦军先派出小股军队出来挑战，赵括却派大军迎击，几次战胜秦军，赵括不禁手舞足蹈，派人到秦营下战书。白起登壁望赵军，对王龁说：『我知道该怎样打败赵军了。』就让王龁应战，批『来日决战』。随即召集诸将听令，使将军王贲、王陵，率军士对阵，与赵括更迭交战，只要输，不要赢，引赵军来攻秦壁；令大将司马错、司马梗领兵2.5万，从间道绕到赵军之后，断其粮道；又遣大将胡伤领5万骑兵，只等赵军出来追赶秦兵，就杀出，把赵军拦腰一截为二；又遣大将蒙骜、王翦伺候接应；白起、王龁坚守老营。

次日平明，赵军列阵前进，不到五里遇秦军。赵军先锋出战秦将王贲，不过30余回合，王贲败走；赵将王容又与秦将王陵交战，不过几回合，王陵又败。赵括见赵军连胜，亲自率大军来追。冯亭又谏：『秦人多诈，其败不可信，元帅勿追。』赵括不听，一直追到秦壁。赵军一齐攻打，一连数日，秦军坚守不可入。赵括使人催后军，移营齐进，却见飞骑来报：『后营已被秦将胡伤所断，不得前来。』赵括大怒，欲亲往攻取胡伤，行不上二三里，秦将蒙骜从斜刺里杀出，大叫：『赵括，你中了我武安君之计，还不投降。』赵括大怒，挺戟欲上，赵将王容上前接住蒙骜，却不料秦军王翦又上，赵兵折伤颇众。赵括见难以取胜，只得鸣金收兵，择水草处安营。冯亭又谏：『在此安营，腹背受敌，将来不可复出。』赵括又不听，使军士筑成长垒，坚壁自守，一面飞骑赵王求援，一面催取后队粮草，谁知运粮之路，又被秦军所断。赵军进退不能，秦军中每天传武安君将令，这时赵括才知道，白起真在军中，吓得心胆俱裂。

那秦王听说军在长平被困，亲自到河内召集民间壮丁，凡15岁以上全部从军，送到长平，把赵军团团围住。赵军被困，断粮46天，饥饿士兵杀人相食，赵括禁止不住。就将军分成四队，一齐鸣鼓，向东南西北四路冲去。如一路打通，赵括即引三路齐走。谁知武安君早已选好射手，环赵垒埋伏。赵军四队人马，一连冲突三次，都被射回。最后，赵括精选上等锐卒5千人，都穿重铠，乘坐骏马，亲自带领，冒险突出。王翦、蒙骜二将齐上，赵括大战数合，不能透围，回身欲归长垒，马蹶坠地，中箭身亡。赵军大乱。白起竖起招降旗，赵军弃兵解甲，纷纷投降。白起使人割下赵括首级，到赵营招降，营中军士见主帅被杀，只得投降。

白起与王龁商议：『以前秦王攻克野王，上党已在掌握中，但其吏民不愿降秦，却愿归赵。现在，先后投降的赵军近40万，如一旦造起反来，如何是好？』于是把降卒分为十营，派十将统领；又配上秦军20万各赐以牛酒，声言：『明日武安君将汰选赵军，凡精锐能战者，给以武器，归入秦军；老弱不堪者，都发回赵国。』赵军大喜。当夜，武安君密令十将：『起更时，凡秦兵都用白布一片裹头，头上无布的都是赵人，全部杀死。』秦兵奉令，一齐发作，降卒毫无准备，又无武器，束手受戮。40万众，一夜俱尽，血流淙淙有声，杨谷水都变成红色，至今叫做丹水。秦军收赵卒头颅，堆在秦垒之间，称作头颅山，山上筑台，称白起台。只把赵军中年少的240人遣返。消息传至邯郸，赵王、群臣大惊，城中一片哭声。惟赵括之母不哭，说：『赵括任将时，我已不把他当做生人了。』赵王因赵母的言在先，不加诛，反赐粟帛安慰她。赵国经长平一战，一蹶不振。

军队数量的多寡是一个决定胜负的重要因素，但主将的胆识谋略更为重要。俗话说：『兵强强一个，将熊熊一窝』。在战争中，运用釜底抽薪之计，除掉或撤走敌人的得力主将，往往能迅速战胜敌人。长平之战中，赵王中了秦国的反间计，派只会纸上谈兵而无作战经验的赵括取代老将廉颇，结果赵国40万大军被秦国20万军队打败，惨遭坑杀，国势大衰。兵法云：『千军易得，一将难求』。正是强调主将在作战中的关键作用。

触龙巧说赵太后

公元前265年，赵惠文王死去，其子丹立，太后掌政。当时，秦赵战事紧张，赵军屡败，损失许多城池。赵国势蹙，求救于齐国。齐国的答复是：『必须以长安君为人质，救兵乃出。』但是，长安君是赵太后的少子，太后爱如掌上明珠，说什么也不肯答应。齐国的要求得不到满足，救兵不出，形势更加危险。大臣们竭力劝谏，太后益发恼怒。最后，赵太后干脆向众人宣布：『如果有人再来劝我送长安君到齐国做人质，我就吐他一脸唾沫！』这样一来，大臣噤口，再也不敢谈及此事。求救之举就此搁浅，陷入僵局。

左师触龙求见太后。太后盛怒之下，气势汹汹，等待触龙，准备一旦对方谈及长安君入齐为质，便撵他出门。触龙心知太后之意。他缓步而入，落座以后，向太后解释说：『老臣有足疾，好久没有见到太后了，私下里自己原谅自己。只是非常担心太后玉体欠佳，因此求见太后，以释悬念。』太后答道：『我以车代步。』触龙又问：『饮食没有减少吧？』太后回答说：『不过吃粥罢了。』这时，太后虽然敌意未消，但怒气为之消解。

触龙察言观色，继续寻找可以打动太后的话题。他说：『老臣的儿子舒祺，年龄最小，尽管不争气，但我还是很疼爱他。我已经老了，希望能够安排他做王宫卫士。冒死奏于太后，请求恩准！』太后闻言，回答说：『好吧。他年龄多大？』触龙回禀道：『15岁了。虽然年幼，但我希望在死去之前把他托付给您。』触龙的话果然勾起太后的兴趣。她不由自主地问道：『难道大丈夫也疼爱小儿子吗？』触龙回答说：『比女人还要疼爱。』太后答道：『我真是感到太意外了！』

触龙见机行事，逐渐把谈话引入正题。他故弄玄虚地说：『老臣私下以为，太后疼爱长安君远不如疼爱燕后。』太后不服，争辩说：『您错了，我最疼爱长安君！』这时，太后已经怒气全消，注意力转移到双方扯出的话题。触龙乘机进言，他说：『父母疼爱儿子，就当为其长远打算。太后嫁燕后之时，持其足，哭泣不止，想到女儿远嫁，非常悲伤。既嫁之后，虽然经常思念，但在祭祀之时，还是祷告神灵，希望她不会被逐返国。这不正是为她长远打算，使其子孙可以世代为王吗？』太后点头称是。触龙继续借题发挥。他问：『三世以前的赵子孙，如今还有继承王位的吗？』太后答道：『已经没有了。』又问：『不仅赵国。诸国之中，可有这种例子？』答曰：『没有听说过。』触龙这时点破题意。他说：『君主之子，近者祸及其身，远者害及后代，这并不是他们封侯有什么不对的地方，而是因为他们位尊而无功，禄厚而无劳，得到的名位与金玉太重太多。如今，太后已使长安君的地位十分尊崇，又封之以膏腴之地。厚赐以名位金玉而又不肯借此良机使他可以为国立功，一旦太后驾崩，长安君凭借什么在赵国立足呢？』

赵太后闻言大悟，回答说：『好吧，一切由您决定！』立即为长安君准备车乘，前往齐国。齐师出援，秦军退归。

赵太后以一己之私，置国家危亡而不顾，实是不明之举，但她执掌国家政权，且在盛怒，这时候若有人再犯颜直谏，不仅不会达到劝谏的目的，还会招来杀身之祸。触龙老谋深算，先以看似与劝谏无关的拉家常消太后的怒气，然后再以爱子必须为其计长远的道理打动赵太后。在整个过程中，触龙没有一句话是从正面讲赵太后如何应该献出长安君以救国家，而是从拉家常中让赵太后自己明白其中的大道理。釜底抽薪之计，运用何其巧妙。

第二十计 混水摸鱼

原文

乘其阴乱，利其弱而无主。随，以向晦入宴息①。

按语

动荡之际，数力冲撞，弱者依违②无主。敌蔽而不察，我随而取之。《六韬》③曰：『三军数惊，士卒不齐，相恐以敌强，相语以不利；耳目相属④，妖言不止，众口相惑，不畏法令，不重其将。此弱征也。』是鱼，混战之际，择此而取之。如刘备⑤之得荆州、取西川，皆此计也。

注释

①随，以向晦入宴息：《易经·随卦》：『象曰：泽中有雷，随，君子以向晦入宴息。』意思是说：大泽中响雷，泽水随之而振动；君子应当随着天时变换，在天黑时入睡。②依违：依附，违背。③《六韬》：古代兵书，相传为周代姜尚所著，为《武经七书》之一。引文见《六韬·兵征第二十九》。④耳目相属：属，接连，跟着。耳目，探听消息的人不断探听消息。⑤刘备：三国时著名的政治家、军事家。汉末起兵，割据荆、益等地，与曹、魏、孙吴集团抗争，成鼎足之势。后建蜀汉政权，称先主。

译文

乘敌人内部发生混乱，利用他们力量虚弱而没有主见，使他们随顺我，就像人随着天时变换而昼作夜息一样。

（按语）社会动荡之时，各种力量就会互相冲击，而弱小者的倾向还没有确定。当敌人因蒙蔽还没有察觉时，我方应趁机将他们争取过来。《六韬》写道：『全军多次受惊，士兵的心不齐，用敌强而互相吓唬，互相说着不利的话；大家不断探听消息，谣言纷纷不止，相互欺蒙，不怕法令，不尊重将帅。这是衰弱的征状啊！』这就像一条鱼，在搅混的水里。当混战之时，便选择它作为目标乘机捞取。比如刘备得荆州、取西川，都是用的这条计策。

经典事例

乘势下手灭异己

王莽是历史上的一代奸雄，他有出众的谋略，对待敌人毫不手软，而且经常使用一些阴险的计谋。

汉元寿二年（前1年）六月，孝哀帝刘欣死于长安未央宫。九月，平帝刘衎（原名刘箕子）即皇帝位，其时年方9岁，太皇太后王政君临朝听政。平帝的生母是卫姬，家中有一些亲戚在京做官，秉政的大司马王莽，担心平帝上台后，重用舅父家的卫姓亲属，形成另外一股势力，冲击王姓外戚既得利益，剥夺自己之职位，于是在太皇太后前谗言道：『过去哀帝刚坐上皇位，就立即拔擢自己的皇亲国戚丁姓、傅姓家族，陷国家于混乱，宗庙几乎倾覆。现今成帝之子刘衎入继大宗为皇上，就要特别强调正统大义，务必以前事为鉴，做后世的楷模，而要抛弃私情。』他游说太皇

太后，征得了王政君的同意，立即派出自己的亲信，所谓朝廷『四辅』之一的甄丰，带着印信，前往中山国（河北定县）。封平帝母亲卫太后为中山孝王后，封平帝舅父卫宝、卫玄为关内侯，平帝的三个妹妹也被封号。以太皇太后名义，令他们均留居中山封地，不得至京师，以免卫姓势力坐大。其时右扶风功曹申屠刚，对王莽所为表示不满，以为皇上年幼，上台之初，即隔绝骨肉亲情，断绝亲戚往来，与礼节不符。何况汉朝制度，虽任用英才治国，但同时也信用皇亲国戚，使朝廷亲疏交错，互为牵制，以利于皇室和国家的安定。申屠刚直言要求朝廷简派使节，迎接皇太后到长安，使皇上母子得以欢聚，还应该广泛征召皇上的母家亲戚，让冯姓家族（刘祖母的娘家）和卫姓家族之人，居住长安，授给闲散的官职，侍卫宫廷，防范灾祸。王莽见申屠刚上书，为之大怒，立即以太皇太后名义下诏：『申屠刚谬言乱说，背离儒家经典，有违大义，令其免职。』不久，申屠刚果然被遣归老家。

王莽视平帝的国戚为自己的死对头，暂时没有理由除去，就采取隔绝政策，并派人严密监视。同时则想方设法控制平帝，准备以自己的女儿，嫁给刘衎，立为皇后，以巩固自己的地位。公元二年，他上呈奏折，口称要仿效周、商制度，按照儒家『五经』所规定，为平帝选后。可是下属官员上报的名单上开始列有很多王姓家族女子，王莽担心竞争激烈，自己的女儿可能被挤掉。于是假意对太皇太后称自己的女儿没有什么才德，怎能列入帝后名单。哪知王政君误会了王莽的虚伪谦虚，信以为真，公开表彰王莽的诚意相让行为，干脆下诏宣布，王姓家族的女儿，一律不予考虑为帝后。王莽弄巧成拙，慌忙指使亲信朝臣、儒生，一齐到未央宫前请愿或上书朝廷，请求把盛大功德的安汉公女

儿列入帝后名册。但事情越弄越糟，因为王莽亲口说出可以不予考虑，所以表面上对请愿之人，王莽又不得不加以劝阻，以示公心诚意，后来王莽一看不得要领，只好撕下面孔，干脆直告太皇太后，『请察看我的女儿』。公元三年春，王莽的女儿经宫廷派人官样文章的察视，以为德容兼备，适宜于承受天命，侍奉皇家祭庙香火。接着又卜卦问神，得到吉兆，于是定下王莽之女为皇后，下聘礼黄金二万斤，王莽见目的已达到，就把大部聘金散给同时入选的媵妾人家以及同族贫苦亲属，取人之善为己之善，进一步笼络人心。

正当王莽紧锣密鼓地嫁女为帝后的时候，在他家的门前，发生的有名的吕宽事件，王莽则乘机大做文章，大搞株连，终于一举铲除了平帝母后的卫姓家族势力。

原来，王莽之子王宇，看不惯父亲隔绝皇上母子、限制卫姓家族的做法，私下里同皇帝舅父卫宝联络，又暗示卫姬上书朝廷谢恩，借揭露丁姓、傅姓外戚的罪恶名义，希望得以感化太皇太后，让自己回到长安。哪知此招并不奏效，卫姬日夜哭泣，要求进京见儿子，王莽则再三回绝。于是，王宇同自己的老师吴章、舅兄吕宽商量，决定利用王莽迷信心理，在王莽府门前抛洒鲜血，以天意恐吓王莽。可是吕宽乘夜洒血王莽门前时，被守门人发现迹象，此案很快被王莽侦破，王宇被捕下狱，服毒自尽，其妻因有身孕，生产后亦旋被杀死。

卫姓家族在吕宽事件中，并不是主谋，但在卫姬要求回京刚遭拒绝的当口，王莽自然地要怀疑卫姬起来。加上王宇、吴章等被刑讯之中，又承认是为卫姬事起，王莽哪能杀了儿子、媳妇，却轻饶卫氏，放过除去政敌的好机会呢？

旋即下令把卫姓家族，全部屠杀，仅留下皇上母后卫姬一人。吴章是当时著名的儒家学者，曾广收学生，在京城士人中颇有影响。王莽以为这些儒生与己有碍，早就有意除去，吴章此次是自动撞上枪口，被王莽令在长安东市五马分尸，又下令从今后剥夺吴章学生、门徒的政治权利，不准这些人入朝为官。

王莽不仅借吕宽事件，斩杀了卫姓家族，还扩大打击面，凡与己不和的公开、潜在对手，也借机一一消灭。汉元帝刘奭的妹妹敬武长公主，嫁夫后与王莽是族属，但与丁姓、傅姓外戚往来友好，曾经讲过不满王莽的话，王莽即乘此机会以太皇太后名义，令其自杀。王莽的叔父红阳侯王立以及王谭之子平阿侯王仁，过去与王莽都有往来，但王莽并不视之为同类，也被王莽强迫自杀。王莽又令自己的亲信大司空甄丰，派员去全国各地，扫除卫姓党羽。凡不依附王莽者，都可用『叛乱』罪名诛杀。前将军何武、前司隶校尉鲍宣、乐昌侯王安、护羌校尉辛通及其兄弟函谷都尉辛遵、水衡都尉辛茂、南郡郡长辛伯等数百人，都在此间相继成为王莽的刀下之鬼。这些人有的与王莽并无什么矛盾，只是诚心维护王室刘姓正统；有的自负才出名门大家，疏远同王莽的结交；有的因性格刚烈，鱼鲠在喉，好直言议论。在王莽看来，维护汉室，就是自己来日代汉称帝的绊脚石，应是早下手除去为宜。而有才又不依附王莽府门的人，就是潜在的政敌，当然不能放过。那些仗义直言的人，有碍于王莽的沽名钓誉的政治投机，与自己舆论不利，也要除之而后快。

吕宽事件的处置，使王莽一时廓清了朝内外的政敌，西汉平帝元始四年（4年），汉平帝大婚，王莽女正式册立为皇后。王莽被下诏重赏，尊称为『宰衡』，位居三公之上。同年，梁王刘立被揭发与卫姓外戚有牵连，削封撤职，贬放南郑，被迫自杀。元始五年，诏令加赐王莽『九锡』。同年冬季腊月大祭，王莽向平帝刘献椒酒，鸩杀平帝于未央宫。同月，王莽借符命公开称『摄皇帝』。这些都是吕宽事件，王莽顺势残杀异己的继续和结果。

王莽背靠太皇太后王政君，逐步造成西汉王姓外戚专权的局势。一姓势立，怎能再容别人插足，所以，平帝上台后，其母后卫姓家族与王莽为代表的王姓家族，两大外戚势力之间争权夺利的斗争，是封建专制政治进程中的必然。只不过王莽早先下手，采取隔绝政策，置卫姬家族于远离京城的中山，两大家族的斗争暂时被缓和下来。吕宽事件，点燃了两派斗争的导火索，同时给王莽提供了一个乘势下手的好机会。对已经势力坐大，还想自己代汉做皇帝的王莽来说，既然自己的儿子、儿媳都肯杀，杀伐卫姓家族势力，当然会毫不手软。而太皇太后的信任，满朝党羽握有实权的形势，为他搞株连杀异己，都提供了便利的条件。于是中央的卫姓家族被灭，外地的卫姓党羽由『四辅』之一的亲信大司空甄丰去杀伐。那些非己同党，或与己不和，或者是铁心维护汉室的忠臣们，现在都成了王莽杀伐的对象。除去这些人，平时并不容易，那汉元帝的妹妹，与太皇太后是同辈，说几句不满王莽的话，王莽也奈何不了。但吕宽事件，使王莽有了一个最有利的时机，再加上一个与卫姓牵连的『高帽子』罪名，一切都顺理成章了。可怜数百冤鬼，只能在九泉下控诉了。

贱买贵卖发横财

哈同来到上海这个外国『冒险家乐园』的时候，一文莫名，在老沙逊洋行供职。那时，上海洋场的市面，还是沿着黄浦江从南往北发展，从十六铺到洋泾浜，以南京路河南路以东一段为中心，跨越苏州河，扩展到虹口。至于河南路以西，被视为偏僻地区，只有零零落落的小商小店，如烟纸店、水果店以及几家出售鞋帽、化妆品小店所形成的香粉弄之类，此外，还有些零落的居民点。靠近西藏路一带，更为荒芜，虽建有一些石库门房子，多半作为娼寮妓院，供文人墨客和富商大贾寻欢探幽的场所。

老沙逊洋行和其他地产商，都注意收进沿黄浦江一带的土地。哈同这位后进的犹太商人，却『别具慧眼』，认为洋场发展的趋势，一定要向西发展。于是，他勾结捕房的头目们，连骗带押，把南京路从河南路到西藏路一带的地皮，大片大片地收买下来。

1883年（清光绪九年）法帝国主义发动了侵略越南（当时称安南）的战争，取得了对越南的所谓『保护』权以后，继续以陆、海军分路在边境向中国挑衅，气势汹汹，要逼中国就范。清廷迫于舆论的压力，颁布宣战『诏谕』，并把张之洞由湖广总督（驻武昌）调任两广总督（驻广州），主持战备事宜。张在各督抚中，是有名的洋务派；他接任后即起用冯子材、王德榜等名将，在前线积极布置抗击法军。

这一中法战争，给哈同一次乘坐『直升飞机』的机会；从此，他由一个普通英籍犹太职员，变成了在英法两租界

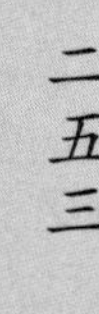

都很显赫的名人。

中法军队正式交锋后，冯子材、王德榜等即率军自卫反击，节节胜利，到1885年，冯子材部谅山大捷，法军狼狈溃退。原太平天国的旧将刘永福，也率领他的黑旗军在临洮激战中获得大胜。法军弃甲曳兵，几乎溃不成军。

这些败讯传到巴黎，朝野震动，议会中哗然大变，迫使主持这一战争的茹费利内阁总辞职。这也引起了上海租界的洋人们恐慌，商贾、教士、外交官乃至形形色色的冒险家纷纷逃避，有的迁居香港，有的索性逃回本国。他们深恐中国这一胜利，将大大激励民心，清廷也会振作起来，收回权力。于是，房子出售、地产脱手之风愈刮愈烈，特别是法租界，地产价一落千丈。

那时，老沙逊在香港，也忙令上海的老沙逊洋行赶快收缩，伺机待变。作为地产部管事的哈同，却向大班进言，说这股风是不会持久的，不仅不作撤退的准备，而且应乘此机会，大量收进地皮，稳住阵脚。

果然，老沙逊大班听了他的话，暂观风色。别的洋人看到老沙逊仍在经营买卖，还在修缮它的大楼，也就不那么慌张了。

天下真有这怪事，恐慌的反而是得胜了的中国政府。那时『垂帘听政』的西太后那拉氏，早就被『西洋各国』吓破了胆。她叫张之洞去应战，本来只要装装样子，冯子材等前线将士真的干了起来，她又觉得这岂非虎口撩须！而当权大臣如李鸿章等，也深恐对外多事，影响苟安的局面，于是，清廷反急急要求法国早早商议停战。为了表示诚意，

李鸿章还严令前线部队后退，放弃已占领的城池。不久，在天津和法方代表开始议和，签订了丧权辱国的《中法新约》，承认法国对越南的『保护』地位，并允许法国在云南、广西通商。从此，这两省便落入了法帝国主义的『势力范围』。一时，『瓜分』中国之声四起。

李鸿章要部队后撤的一纸手令，对正想乘胜前进、一鼓攻下河内，给侵略者以教训的黑旗军将士，兜头一盆冷水，他们只得黯然撤回国境。这也不啻把已如丧家之犬纷纷回国的洋人们，重新『调』回上海，重新干起他们的『冒险』事业。至于硬着头皮留在上海的洋大人，自然更是喜形于色，已经『清理行务』的重整旗鼓，尚未竣工的建筑，重新规划，扩大规模。洋场的市面，不仅迅速恢复，而且由于从内地迁进了一大批新居民（由于连年灾荒、兵祸），比以前更加繁盛了。

老沙逊洋行，经中法战争这一风浪，单单在地产上就取得暴利500多万两，哈同先生呢，不必说，他在中法战争前后贱价收进的地皮，全都成十倍地涨了价。他自己估算了一下，已经是百万富翁了。

1887年，即中法战争结束的第三年，法租界当局特推聘他为公董局董事，这是租界最高的『荣誉职位』（相当于一个最高的咨议），以表彰他维持租界市面的『功绩』。若干年后，他的帮闲文人曾写过一篇《哈同先生兴业记》，提到这件事，说：『当清光绪甲申（1884年），中法以越南事失和，一时谣诼繁兴，租界居民多有迁居者。沙逊肆主以赁舍多空为忧，先生固言无伤，且就此多置地建屋。人见沙逊泰然自若，亦遂无恐。事定，沪上莫不钦服先生之远见。越年，遂被推为法公董局董事。盖以所建议有维持地方之效，故众口交推也。』

那时上海的市面，的确一天一天向西发展，河南路口到西藏路一段，日益繁华起来。哈同手里掌握的地皮，一天一个行市，成倍成十倍地飞涨。哈同夫妇的口袋，也就一天天膨胀。

犹太人中的一部分，给人的印象是俭朴、吝啬、爱钱如命，但这只是他们的一面。为了猎取更大的利益，他们有时也会挥金如土。要都像莎士比亚笔下的威尼斯商人那样目光如豆，怎么会出现这么多操纵国际市场的财阀呢？

哈同为了加速南京路的发展，加速抬高地价，向工部局建议，他愿意拿出60万两银子，用铁藜木，从外滩到西藏路，把南京路全部铺成一条平坦的马路。铁藜木是坚硬的，他用几百个工人，费了几个月，先把木头截成约二寸立方的小块，浸以沥青，然后细细拼成平路，再喷上一层薄薄的柏油。一共铺了几百万块这样的木头。据说，每块实值六七角钱。那时，六七角钱可以购买白米三四斗，可以吃一客像样的『大菜』了。

他还派人到处宣传，说铁藜木铺的路，特别平坦而有弹性，走在上面特别舒适，一场大雨后，水马上就被吸干了。

这消息传到江南各地，『层层加码』，说上海的马路都是用红木铺的，可见这十里洋场，真是堆金积玉、纸醉金迷，他们把南京路看成是一条发家致富的黄金之路。

中法战争后，不仅南京路河南路以西的市面日益繁盛，九江路、汉口路、广东路等也正式改筑了马路，建起了一排排石库门市房，也开始有了饭店、浴室、烟纸店、旅栈等小商店。租界里洋人也多了，英租界虽和美日租界合组为

公共租界，包括了虹口和杨树浦一带，但市中心已成为『寸金地』，他们就把跑马场搬出租界，在西藏路口强租强征开辟了一个大规模的跑马的广场，作为洋人们寻欢纵赌的地方。

这又为哈同开辟了另一财源。那时，他已升为新沙逊的大班，公共租界工部局也请他当了董事，并被聘为租界法院的陪审员，变成屈指可数的『头面人物』了。

洋人在修筑跑马厅的同时，强行在附近修筑马路，越来越向西延伸。而触须所及之处，即驱赶农民，强占农田，只给极少代价，连原由中国人自行修筑的新马路（今新闸路）一带，也被他们囊括进去。哈同这个英籍犹太人，『目光』就更远些。他根据过去在南京路西段贱价收进地皮的经验，在那时还只有荒村茅店的静安寺以东，划了一大圈土地，约有3000多亩，利用他当『董事』、『陪审员』的声威，贿赂当地的巡警和地痞流氓，以极少的代价，强迫那里农民出『售』搬迁。花的钱，比在跑马厅附近收买地皮，便宜得多了。

到1899年，北方发生义和团起义，『列强』将再一次武装侵略的风声越来越紧，一个披着传教、办教育、办报纸外衣的美国人福开森，本来和湖广总督张之洞（又由两广回任）、两江总督（驻南京）兼南洋大臣刘坤一等有勾结，这时他唱出了『东南互保』的口号，推当时任两广总督的李鸿章出面领头，说北方如发生战事，东南各省（包括两江、两湖、两广）决不『介入』，仍保持和各地洋人和睦相处，外人也不以干戈相加。福开森还向上海的英、美、法等总领事出主意，乘机向各国方面交涉，大大扩充租界。经过一番交涉后，签订了新约，公共租界西面从西藏路划到静安寺以西附近，东面从杨树浦推扩到顾家浜（现平凉路军工路附近），共计扩充面积达22800多亩。在1845年『开埠』之初订立的《租界地皮章程》中所规定的英租界面积，只有830亩；后来，和美日租界合并，一共也不到10000亩；经此次扩充，总面积达33500多亩。法租界的西界，也由八仙桥附近一直扩展到徐家汇，扩大了几十倍。这样，哈同以贱价收进的300多亩土地，都列入了租界的范围之内。『一登龙门，身价十倍』。静安寺附近，也有人置地造房，慢慢地发展成为居民点。

第二十一计　金蝉脱壳①

原文

存其形，完其势；友不疑，敌不动。巽而止蛊②。

按语

共友击敌，坐观其势。倘另有一敌，则须去而存势。则金蝉脱壳者，非徒走也，盖为分身之法也，故大军转动，而旌旗金鼓，俨然③原阵，使敌不敢动，友不生疑。待已摧他敌而返，而友敌始知，或犹且不知。然则金蝉脱壳者，在对敌之际，而抽精锐以袭别阵也。

如诸葛亮病卒于军，司马懿追焉。姜维令仪④反旗鸣鼓，若向懿者。懿退，于是仪结营而去。檀道济⑤被围，乃命军士悉甲，身白服，乘舆⑥徐出外围。魏惧有伏，不敢逼，乃归。

注释

①金蝉脱壳：蝉蜕壳，蝉飞壳犹存。比喻用计脱身。②巽而止蛊：《易经·蛊卦》：『彖曰：蛊，刚上而柔下，巽而止蛊。』意思是说：阳刚居上，阴柔居下，凡事能柔顺则能制止混乱，避免受害。巽，伏，顺服；蛊，毒害。运用在此计中，阴为潜藏，阳为暴露。即能隐藏自己的行动而不暴露。③俨然：整齐，庄重的样子。④仪：指杨仪，蜀汉名将。多次随诸葛亮北伐，为参军长史。⑤檀道济：南宋名将。屡立战功。元嘉八年（431年）攻魏，粮尽被围，

便巧妙撤退，敌不敢追。后为文帝所忌杀。⑥乘舆：舆，车子。坐着车子。

译文

保存阵地的原形，造成驻军的气势，使友军不怀疑，敌人也不敢轻举妄动。根据蛊卦原理：若能隐蔽自己的行动而不暴露，就能够防止敌人的损害。

（按语）同友军联合对敌作战，要冷静观察敌友我三方的形势。如果又发现另外的敌人，就必须悄悄离去，而保持驻地的阵势不变。这就是说，金蝉脱壳不是简单的离去，而是一种分身的方法。因此，我方大军虽然转移了，但旗帜鲜明，锣鼓号令仍然整齐庄重地保持着原来的阵势，使敌人不敢妄动，友军也不生疑。等到摧毁了别处的敌人回来，友军和敌军才会发觉，或者还没有发觉。所以说，金蝉脱壳之计，就是指在对敌作战时，暗中抽走精锐部队去袭击别处的敌人。

比如，诸葛亮病死在前线时，司马懿率军追击。姜维命令杨仪把战旗反打着，敲起战鼓，好像要进攻的样子。司马懿慌忙撤退，于是杨仪重新整军，安全返回。

宋国将领檀道济被敌人围困后，命令士兵都披上盔甲，他自己却穿着一身白衣，坐在车子上，慢慢向敌人外围进发。魏军害怕檀道济另有伏兵，不敢逼近他。于是，他脱离了包围，安然回国。

第二十二计　关门捉贼

原文

小敌困之。剥，不利有攸往①。

按语

捉贼而必关门，非恐其逃也，恐其逸②而为他人所得也。且逸者不可复追，恐其诱也，贼者，奇兵也，游兵也，所以劳③我者也。《吴子》④曰：『今使一死贼伏于旷野，千人追之，莫不枭视狼顾⑤。何者？恐其暴起而害己也。是以一人投命，足惧千夫。』追贼者，贼有脱逃之机，势必死斗；若断其去路，则成擒矣。故小敌必困之，不能，则放之可也。

注释

①剥，不利有攸往：《易经·剥卦》：『剥，不利有攸往。』意思是说：『剥落，零散，不利于前进。』《六十四卦经解·剥》：『剥，裂也，从刀从录。录，刻割也，又，落也。万物零落之象。』运用在此计中，即零散之军队不利于发动进攻。②逸：逃跑。③劳：疲劳，使之疲劳。④《吴子》：古代兵书，传为战国吴起所著。本文出自《吴子·厉士第六》。⑤枭视狼顾：枭，猫头鹰。像猫头鹰寻找食物那样专注地看，像狼行走时那样害怕地四面

看。比喻小心翼翼，东张西望，瞻前顾后的样子。

译文

对付小股的敌人，要包围起来予以歼灭。按照剥卦的原理，对于那些零星散敌，不利于进行追击。

（按语）要捉贼必须关门，并不是怕他逃走，而是怕他逃走了却让别人捉去。而且，对于逃走的敌人不可以再追，恐怕中了他的诱敌之计。所谓贼，是指突击队、游击队。他们是骚扰并使我军疲劳的敌人。《吴子》上写道：『假定现在有一个亡命之徒隐藏在空旷的原野里，派一千个人去追捕他，没有一个不像猫头鹰和狼那样小心翼翼四下张望的。为什么呢？是害怕对方突然跳出来伤害自己。所以说一个人拼命，足以使一千个人害怕。』

追赶盗贼，贼如果有逃掉的机会，必然要拼死格斗；如果截断他的退路，就必定会被抓住。所以，对付小股的敌人，必须包围起来；如果办不到，就放走他算了。

置死地决战求生

斯大林格勒（现名伏尔加格勒）位于伏尔加河下游，顿河大弯曲部以东约60公里，是前苏联南方的政治、经济、文化中心和水陆交通枢纽，也是重要的军工基地和高加索石油的转运站。

根据1942年夏季进攻计划，德军统帅部企图在苏德战场南翼集中兵力，攻占高加索和斯大林格勒，占领巴库和富饶的伏尔加河下游地区，然后北取莫斯科，南出波斯湾。德军统帅部原定由『B』集团军群（司令博克元帅，7月15日起为魏克斯上将）的第6集团和坦克第4集团进攻斯大林格勒。7月13日，希特勒下令坦克第4集团（司令保卢斯上将）的任务是攻占斯大林格勒，扼守顿河中游地区，保障『A』集团军群向高加索进攻。第6集团军是当时德军实力较强的集团军，辖6个军（其中2个坦克军）共18个师，约25万人，坦克740辆，火炮和迫击炮7500门，由第4航空队1200架作战飞机担任支援。

苏军最高统帅部正确分析了形势，计划通过顽强的防御削弱并阻止德军集团，不让它进至伏尔加河，从而赢得时间，建立预备队，待条件成熟后转入反攻，以求全歼德军重兵集团，扭转苏德战场形势。

斯大林格勒会战从1942年7月17日德军进攻斯大林格勒开始，至1943年2月2日苏军在斯大林格勒地域全歼德军结束，分为两个时期，即：苏军防御时期和苏军反攻时期。

防御时期（7月17日—11月18日）的战斗行动

第一阶段远接近地防御（7月17日—8月17日）德军第6集团组成南北2个突击集团，企图从行进间突破苏军防御，向卡拉奇方向发展进攻，围歼顿河右岸的苏军，并从西南突向斯大林格勒。7月17日，德军第6集团军的先头部队在顿河河曲的奇尔河的齐姆良河一线，与苏军第62、第64集团军的前进支队接触，斯大林格勒会战开始，经过激烈战斗，

至22日，苏军各前支队退到基本防御地区，德军两路突击集团突破苏军防御，分别进至布齐诺夫卡和卡尔斯亚地域。8月5日，德军前出至阿勃加涅罗沃地域。

7月28日，苏军最高统帅斯大林发布第227号命令，指出苏德场的危急情况，谴责了『退却』情绪，号召千方百计阻止法西斯德军前进，为保卫前苏联的每一寸领土，坚持到流尽了后一滴血。第227号命令鼓舞了苏军指战员的士气，他们深刻理解祖国再一次面临生死存亡的危险，决心不怕任何牺牲来保卫前苏联的每一寸领土，挫败德军的进攻。

8月初，斯大林格勒地域明显分成2个独立的战役方向：一个是西北方向，一个是西南方向。两个方向都直接通向斯大林格勒。斯大林格勒方面军的防御地带宽度已从530公里扩展到800公里，其战斗编成达8个集团军。为了保证对防御部队的指挥，苏军最高统帅部于8月7日决定，将斯大林格勒方面军左翼第64、第57、第51集团军，连同统帅部预备队近卫第1集团军和空军第8集团军编为东南方面军，由叶廖缅科上将任司令员。斯大林格勒方面军保留第63、第21、第62集团军和坦克第4集团军。8月9日，苏军最高统帅部为了密切两个方面军之间的协同，决定由叶廖缅科指挥两个方面军。最高统帅部于8月初在斯大林格勒方面军编成后开始组建空军第16集团军，以增强航空兵力量。

8月5日至10日苏军进行英勇战斗，阻止德军从西面和南面向防御的外部围廓推进。东南方面军于9至10日实施反突击，迫使德军坦克第4集团军暂时转入防御。至8月17日，德军前进了60至80公里。苏军经过1个月艰苦的远接近地防御，退守斯大林格勒外层围廓。

第二阶段近接近地防御（8月18日—9月12日）8月中旬，德军统帅部以意大利第8集团军展开在苏军第63、第21集团军的正面，而将第6集团军调出加强进攻斯大林格勒的突击集团。8月19日，德军第6集团军组成北突击集团，由特廖霍特罗夫斯卡亚地域向东，坦克第4集团军组成南突击集团，由阿勃加涅罗沃地域向北，对斯大林格勒实施向心突击。两个集团兵力各为9个师，力图从西面和西南同时实施突击，攻占斯大林格勒。8月23日，是斯大林格勒保卫战最艰巨的一天。这一天，德军切断了第62集团军与斯大林格勒方面军主力的联系。为防止德军从北和西北面突入城市，斯大林格勒方面军急速派出预备队和工人歼击营，在顿河和伏尔加河之间的地带组织防御。23日下午，德军出动几百架飞机对城市进行密集轰炸，入夜又出动飞机约2000架进行袭击。苏军105架歼击机起飞迎战。当天德机被击落120架。斯大林格勒市区遭到严重破坏，伏尔加河岸的油库中弹起火，燃烧的石油沿河漫流，沿岸城市成了一片火海。

8月25日，斯大林格勒城防委员会宣布戒严，第2天通过关于加速构筑街垒的决议，并号召居民保卫自己的城市。26日斯大林任命朱可夫大将为最高统帅副手。29日朱可夫由莫斯科飞到卡拉奇以北约3公里的卡梅申一斯大林格勒方面军野战指挥所，协调与组织斯大林格勒地域的防御。

8月下旬至9月上旬，苏军向德军发动了几次反突击，迫使德军部分兵力北撤，从而减弱了对斯大林格勒市区的突击，德军被阻止在西方市郊。

在斯大林格勒南接近地上，东南方面军与德军坦克第4集团军展开激战。争夺内层围廓的激战一直持续到9月12月，这时战线距市区只有2至10公里。

随后苏军两个方面军的部队撤向市区围廓，结束了近接近地上的防御作战，德军突击集团从东北和西南直接逼向斯大林格勒市区。

第3阶段抗击德军对斯大林格勒市区的强击（9月13日—11月18日）从9月12日起，斯大林格勒的城市防御由东南方面军第62、第64集团军负责：前者防守城市北部和中部，后者防守南部。苏军最高统帅部继续向斯大林格勒地域增调预备队。

9月12日，希特勒下令第6集团军不惜任何代价，迅速攻占斯大林格勒。此时德军从高加索和西方向调来9个师又1个旅，加强进攻的力量。进攻斯大林格勒的德军兵力共达13个师（其中3个坦克师和1个摩托化师），约17万人，火炮和迫击炮1700门、坦克近500辆。

9月13日，德军第6集团军组成2个突击集团，向市区中部进攻：1个集团以4个师的兵力从东面的亚历山大罗夫卡地域进攻；1个集团以3个师的兵力从东北的萨多瓦亚车站地域进攻。当天日终前，德军向北推进到『街垒』工厂、『红十月』工厂区附近，占领了南部萨多瓦亚车站。

市区争夺达到白热化程度，市内的街道和广场都变成激烈的战场。德军不顾重大伤亡，每天从早到晚连续冲击。

苏军利用建筑物组成支撑点和抵抗枢纽部进行顽强的抵抗。双方对每个街区、每栋楼房、每层楼都反复争夺。

早在9月3日，斯大林即命令朱可夫在斯大林格勒北部地区向德军进攻，以便吸引德军进攻斯大林格勒的兵力。从9月上旬到中旬，苏军近卫第1集团军和第24、第66集团军在斯大林格勒以北不断发动进攻，力求击溃德军并与第62集团军会合。苏军的企图未能实现，但吸引了德军8个师的兵力及一部分炮兵、坦克和空军，使苏军守城部队的险境得到缓和。

9月21日，德军4个师向城市中部的伏尔加河突进，苏军奋勇抵抗。至9月26日，德军遭受重大伤亡后占领了市区中部和南部。

市区争夺战开始后，苏军最高统帅部不断以大本营预备队加强斯大林格勒前线，有力地支援了战斗。伏尔加河区舰队的运输工作，也对防御战斗起了重大作用。仅从9月12日至15日就为第62集团军向伏尔加河右岸运送人员达1万名，物资达1000吨。

9月28日，苏军最高统帅部将斯大林格勒方面军改称顿河方面军（司令员罗科索夫斯基中将），东南方面军改称斯大林格勒方面军（司令员叶廖缅科上将）。两个方面军直接由最高统帅部指挥。

苏军守城部队利用市区建筑构成支撑点，储备弹药、粮食和医药用品，以供长期坚守。德军反复冲击，付出重大伤亡，但始终未能攻下。

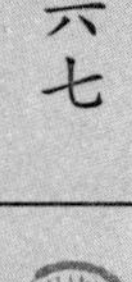

10月上旬，希特勒命令『B』集团军群使用全部兵力攻占斯大林格勒。德军对工厂区和奥尔洛夫卡地域展开猛烈的攻击，同时在市区中部对近卫步兵第13师重新发起猛攻。在市区争夺战中，德军航空兵出动率达到进攻以来的最高点，平均每昼夜出动1000架次以上。经过激战，德军终于突入『街垒』和『红十月』工厂外的小镇地域。

10月份，德军不断向斯大林格勒增调兵力。至10月9日，德军攻城集团共8个师9万人，苏军第62集团军有5.5万人，在德军占优势的情况下，双方在拖拉机厂、街垒厂、『红十月』厂展开了激烈争夺战，战斗持续到11月18日。

10月15日德军占领拖拉机厂。17日苏军第138师增援工厂区的战斗。在伏尔加河畔的每一寸土地上展开了残酷的争夺战。苏军以顽强的战斗，大量杀伤敌人，德军的攻势逐渐减弱。11月11日，德军发起最后一次进攻，占领了『街垒』厂南部并进至伏尔加河岸。第62集团军被分割成3部分。苏军凭着这3块阵地牵制着进攻的德军，直到苏军在斯大林格勒地域转入反攻。

至1942年11月8日，斯大林格勒保卫者阻止了德军优势兵力的多次进攻，守住了重要的战略要地。至此，斯大林格勒会战苏军防御阶段结束，同时也是前苏联卫国战争第1阶段——战略防御阶段的结束，从此前苏联卫国战争进入第2阶段——根本转折阶段。

德军向斯大林格勒方向先后调来50个师的兵力，连续进攻4个月之久，但未能实现其战略意图。在此期间，德军死伤近70万人，损失火炮和迫击炮2000余门、坦克和强击炮1000余辆、飞机1400余架。

反攻时期的战斗行动（1942年11月19日—1943年2月2日）苏军最高统帅部确定1942年底至1943年初的作战企图是：根本改变战争进程，解放南方最重要的工业区，突破德军对列宁格勒的封锁，巩固莫斯科—斯摩棱斯克战略方面的态势。鉴于德国尚未尽其全部力量，苏军最高统帅部决定，必须逐次消灭敌人，首先在战场南翼实施进攻，围歼斯大林格勒地域的敌军集团，进而击溃德军在南翼的全部军队。

早在9、10月间，苏军最高统帅部即着手制定围歼斯大林格勒地域德军的反攻计划，并进行组织准备。反攻企图是，从谢拉菲莫维奇和克列茨卡亚地域的顿河登陆场以及斯大林格勒以南的湖泊地域，对德军集团的两翼实施突击，尔后沿卡拉奇、苏维埃茨基向心方向发展，围歼斯大林格勒附近的德军主力。

苏军围歼斯大林格勒敌军集团的战略性进攻战役，从1942年11月19日开始，一直持续到1943年2月2日。反攻行动分为3个阶段。

第1阶段从11月19日至30日，苏军突破德军防御，粉碎其侧翼集团，合围德军第6集团军和坦克第4集团军的部分兵力。

11月19日晨7时30分，西南方面军和顿河方面军揭开了反攻的序幕。很快，苏军占领了顿河左岸重要支撑点卡拉奇，同时在拉斯波平斯卡亚地域包围了罗马尼亚第3集团军第4、第5军，并很快将其歼灭，俘2.7万人。

斯大林格勒方面军左翼部队于11月20日在斯大林格勒以南转入反攻，突破敌防御。第51集团军机械化第4军于22

日突进到苏维埃茨基。23日该机械化军与西南方面军坦克第4军在卡拉奇、苏维埃茨基会师，合围了德军第6集团军和坦克第4集团军的一部兵力，共22个师，总计33万人。苏军很快构成了绵亘的合围。从11月24日至30日，顿河方面军和斯大林格勒方面军对被围德军展开猛烈攻击，将敌压缩在约1500平方公里的地域内。

此时西南方面军近卫第1集团军、坦克第5集团军和斯大林格勒方面军第51集团军向西南和南面发展进攻，沿克里瓦亚河、奇尔河、顿河、科捷尔尼科沃以北之线构成宽达500余公里的合围面。

第2阶段苏军在12月间歼灭德军新组建的两个突击集团，粉碎德军的解围企图。

苏军对斯大林格勒的德军完成合围后，最高统帅部决定：以顿河方面军和斯大林格勒方面军歼灭被围德军集团；另以西南方面军和沃罗涅日方面军左翼军队，在合围对外正面向罗托夫方向发展进攻。

德军为了解救其被围集团，开始在科捷尔尼科沃和托尔莫辛地域集中精锐军队，企图向斯大林格勒实施突击，突破苏军合围正面。

『顿河』集团军群在韦辛斯卡亚至马内奇河600公里上，共展开30个师。但该集团军群的部队严重缺额，战斗力很差，缺乏进攻能力。此时德军又面临1941年冬在莫斯科城下的处境。苏军攻占卡拉奇以后，切断了德军通往斯大林格勒的主要补给通路，第6集团军只有依靠空运补给勉强维持。

第3阶段，从1943年1月10日至2月2日，苏军全歼德军被围集团。

经过1942年12月的进攻，苏军将合围推进到距德军被围集团200至250公里以外，为彻底歼灭德军被围集团创造了有利条件。至1943年1月初，被围的德军第6集团军阵地被压缩得越来越小，且受到苏军严密的空中封锁，空运补给几乎中断，处境恶化，总兵力已减少到25万人，覆灭已成定局。

12月底，苏军最高统帅部制定了歼灭德军第6集团军的作战计划，由顿河方面军负责实施。1943年1月8日，苏军指挥部向被围德军发出最后通牒，令其放弃抵抗，缴械投降。但德军仍坚持顽抗到底。1月10日苏军转入进攻，第65集团军由西向斯大林格勒实施主要突击，至12日日终前，方面军的主要突击集团前伸到罗索什卡河第2防御地带。1月15日，苏军调整部署后继续进攻。16日晨苏军占领皮托姆尼克地域机场，德军只有靠古拉克机场空运物资。17日日终前，苏军前出到大罗索什卡、冈恰拉、沃罗波诺沃一线，德军在预先构筑的阵地上进行顽抗。1月22日，苏军重新准备后，在全线发起进攻。第21集团军切断了古姆拉克以东的铁路线，第64和57集团军占领了斯大林格勒南部，第65集团军攻占了亚历山大罗夫卡和哥罗迪舍。古姆拉克机场也被苏军占领。在粮尽援绝、饥寒交迫的情况下，保卢斯向德军统帅部请求向西南分散突围，但这个请求再次遭到拒绝。

1月25日，苏军进到斯大林格勒西郊。26日，由西向东进攻的第21集团军与由东向西进攻的第62集团军在马马耶夫岗会师。德军第6集团军被分割成南北两个集群，一个在市中心，一个在『街垒』工厂和拖拉机厂地域。

1月27日至31日，苏军第64、第57、第21集团军对南部敌军集群实施总突击，第62、第65、第66集团军则展开歼灭北部集群的战斗。31日，南部集群停止抵抗，刚被希特勒提升为元帅的保卢斯及其参谋长施密特少将被俘。德军第11军军长旋特雷克尔被俘。

至此，苦战200个昼夜的斯大林格勒会战，终于以前苏联军民的辉煌胜利宣告结束。

斯大林格勒会战，是第二次世界大战中苏德战场上的一次大决战。两国在伏尔加河与顿河之间的广阔战场，展开了惊心动魄的激战。苏军取得这次会战的胜利，具有重大的军事政治意义。

当时，苏联已经到了无路可退的地步，守不住斯大林格勒就可能输掉整场战争。面对德军的强大攻势和闪电突击战术，也不可能有足够的时间选择作战地点，只能集中兵力、顽强防守，一方面守住战略要点，尽可能地保存有生力量，另一方面赢得时间，建立预备队，待条件成熟后转入反攻。首先保证不被围歼，待德军攻势已成强弩之末，再大举反攻，对其实施分割包围，逐个歼灭。而德军大军团远征作战，攻击战略要点，也只有向前进攻一条路可走。因而双方都投入重兵展开决战。结果苏联军队经过防御、反攻两个阶段，顶住了德军的包围进攻，最后实施反包围，关门捉『贼』，歼灭了德军重要军事力量。此战成为二战的转折点。

外封内打战海湾

1990年8月20日，海湾石油富国科威特突遭劫难，同属阿拉伯联盟国家的海湾军事强国伊拉克出动14个师约10万人的兵力，在空军支持和海军的配合下，对其进行了大规模武装入侵。不到一天时间，占领了首都科威特城，进而控

制了科威特全境。

伊拉克出兵占领科威特的消息震惊了波斯湾，也震惊了全世界，更使美国和一些西方经济大国诚惶诚恐、坐立不安。美国的惊慌并非无缘无故，伊拉克侵占科威特引发的中东动荡和潜在威胁，恰恰触动了它最敏感的神经。

中东地区的地理位置极其重要：是亚、非、欧洲交接地，与阿拉伯海、红海、地中海、黑海和黑海相濒，被称作『三州五海之地』，可扼博斯普鲁斯海峡、达达尼尔海峡、苏伊士运河、曼德海峡和霍尔木兹海峡，这一地区一直是苏美战略争夺的重点。对苏联来说，据有此地可以夺取不冻港并获得从东面包抄西欧的突破口，加强东西两线战略联系，对北约集团构成严重威胁。对西欧和美国来说，这一地区不仅是连接三大洲海陆空交通的枢纽，而且还是遏制、堵截苏联南下地中海和印度洋的战略屏障。美国前总统艾森豪威尔曾说：『仅仅从地理角度讲，在整个世界战略上没有比中东更重要的地区。』

中东的石油储量、产量雄居世界之冠。伊拉克吞并科威特以后，就可以控制世界石油总储量的20%，成为仅次于沙特阿拉伯的世界第二大储油大国。如果萨达姆的行为不被制止，或者他将集结于沙特边境的军队再往前一伸，进一步控制住沙特阿拉伯和阿联酋，就意味着世界油库的65%掌握在萨达姆手中，届时，美国及其他西方工业大国赖以生存的『黑色血液』，将成为萨达姆掣肘、威胁他们的一个重大筹码。这对于整个西方经济无疑是个危险信号。

因此，伊拉克入侵并且吞并科威特美国绝不容许，西方列强绝不容许，科威特和其他中东国家（即便同是阿拉伯

国家）也绝不容许。

联合国自然不能袖手旁观、坐视不管。8月2日，紧急通过一项决议，要求伊拉克立即无条件地将其入侵科威特领土的全部军队撤至入侵前的位置。8月18日，安理会通过664号决议，要求伊拉克政府允许外国公民尽快撤离科威特和伊拉克，不得采取任何危害外国公民人身安全和健康的行动，并派出官员前往伊拉克与之讨论外国公民的安全问题。8月25日，安理会通过665号决议，呼吁在海湾地区部署海军力量的国家必要时采取与具体情况相称的措施，以阻止出入伊拉克的船只，并对其货物和目的进行检查，以确保对伊贸易制裁的实施。接着，又相继通过了666号、667号决议，强烈谴责伊军侵犯外国使馆的行为，要求伊拉克立即释放被扣留的外交人员和外国侨民。

国际社会也迅速做出了反应：8月20日，美国总统布什在白宫宣布美国强烈谴责伊拉克对科威特采取的军事入侵，要求伊拉克立即无条件地撤出军队。并指示美国驻联合国代表要求安理会召开会议。同时签署命令冻结伊拉克在美国的财产，宣布美国将考虑采取必要的行动，『以保护美国在海湾的长期切身的利益』。3日，美国、苏联两国外长发表联合声明，要求伊拉克『恢复和保障科威特的主权、民族独立、合法政权和领土完整』。4日，欧共体12国召开会议，确定要对伊拉克施加压力，对其停止军火供应、政治接触和贸易关系。阿拉伯联盟部长理事会、海湾合作委员会、非洲统一组织以及欧洲、亚洲、非洲、拉丁美洲和大洋洲的许多国家和地区也都相继发表声明或公报，要求伊拉克撤出科威特，用和平方式解决两国的争端。

伊拉克在国际政治中陷于孤立，但是它仍然一意孤行。9月8日，欧共体12国外长在罗马举行特别会议，一致表示要对伊拉克实行『更严厉、更有效和更紧迫』的禁运。25日，安理会通过670号决议，决定对伊拉克实行空中封锁。10月29日，联合国安理会通过第678号决议，授权联合国成员国在伊拉克于1991年1月15日之前仍拒不执行从科威特撤军等安理会有关决议的情况下，使用一切必要的手段，维护、执行有关决议，恢复海湾地区的和平与安全。

伊拉克在经济上陷入困境，空中、海上的封锁和禁运切断了它对外的经济贸易，也扼紧了它的经济命脉。

美国早在大声呼吁、搞软攻势的同时，也磨刀霍霍，加紧了军事进攻、武力解决的准备，它称此为『沙漠盾牌』计划。

面对联合国的严厉制裁和以美国为首的反伊联盟的强大军事压力，伊拉克没有表现出丝毫的退让和松动。萨达姆信任伊拉克在8年两伊战争中壮大起来的军事实力，他觉得自己凭120万军队、500万民兵、5600辆坦克、6000辆装甲车、4000多门火炮、770余架作战飞机、800多枚导弹和大量生化武器，完全可以与美国为首的多国部队放手一搏，至少不会吃大亏。更重要的，他认为反伊联盟内部肯定存在着可以利用的弱点和矛盾，只要伊拉克外交手段得力，争取时间，拖中待变，是可以出现有利于己的国际形势的。

首先他考虑依赖的是苏联，虽然它在海湾问题上对伊拉克也很强硬，连续在联合国制裁伊拉克的决议中投赞成

票，并中断了对伊的武器供应，但苏联多年来一直与伊拉克关系密切，伊拉克得到了来自苏联的大量的军火和经济援助。更重要的是，苏联和美国多年来在国际问题上一直是对立派，颇有凡是你支持的我都反对的意思。海湾危机爆发后，苏联坚持并一再强调要通过和平途径用政治手段解决危机，因此伊拉克认为苏联是可以接近和靠拢的力量。

其次，西方阵营也不是珠联璧合，没有漏洞可钻。西方一些大国对美国在全球推行霸权主义早就心怀不满，希望在国际事务中扩大影响、重振雄风，因而在很多问题上对美国的提议和做法多有『保留』和『补充』。此次海湾危机爆发后，萨达姆把伊占科威特同历史遗留的阿以问题扯到一起，提出要以撤出科威特换取以色列撤出被占领阿拉伯领土，得到了以法、英为代表的一些国家的同情。

在萨达姆的战略思考中，最具有现实威慑力的一张王牌，就是把以色列拖入战争。10月8日，以色列在耶路撒冷的圣殿山屠杀游行示威的巴勒斯坦人，制造了震惊阿拉伯世界的『圣殿山血案』。10月9日，萨达姆发表声明，强烈谴责以色列，警告以色列必须撤出被占领的阿拉伯领土，否则就要进行『报复以色列屠杀巴勒斯坦人行为』的快速行动。虽然类似的抗议谴责已是老调常弹，其用意也很明显：『告诉』阿拉伯世界的兄弟们以色列才是他们头号的敌人，『提醒』他们不要忘记在以往同以色列的斗争中是美国一直包庇和支持着以色列，甚至在联合国作出以色列撤出被占阿拉伯领土的第243号决议后，美国都没有派兵，也没有其它表示，却在伊拉克问题上大动干戈。显然，他想把以色列拖进来，引起阿拉伯国家的同仇敌忾，把反伊联盟『捅个窟窿』。

但是，萨达姆算计错了，事情远没有如他所想发展下去。

苏联方面没有能够给予他实际援助，甚至连强有力的声援都没有，尽管萨达姆派外长阿齐兹专程去苏联游说、拉关系、做工作，但当时的苏联正危机四伏、困难重重，戈尔巴乔夫自然不愿意、也没有能力公开跟美国作对，引火烧身。美国总统布什在联合国的游说和国务卿贝克来往穿梭于欧、亚诸大国所做的游说、许愿显然收到了效果，西方诸国也都明白自己『坐不到头把交椅』，该发牢骚就发点牢骚，该跟着干的时候还得跟着干，他们有人出人，有钱出钱，名为主持正义，实则助美国一臂之力。萨达姆希望看到反伊联盟的裂缝则一直到海湾战争打完也没有出现，这倒多亏了以色列的出人意料的忍性，精于算计、在任何事情上都不肯吃亏的犹太人对萨达姆的百般挑衅装听不见，甚至在几颗伊拉克的『飞毛腿』砸到头上之后还无动于衷，显然美国的工作做得到家，当然它也绝对不敢开罪美国。阿拉伯兄弟们没有了头号敌人，就冲萨达姆这个第二号较开了劲。

当萨达姆在政治、外交上连连失利，越来越陷入被动、孤立局面的时候，美国没有忘记挥舞手中的『大棒』，紧锣密鼓地调集以其为首的多国部队，自陆地、天上、海里对其伊拉克和被占领的科威特进行了包围和封锁。

美国不惜血本，在海湾陈兵43万人。其中陆军26万人，海军5万人，空军4万人，海军陆战队8万人。将海军的一半作战舰艇、陆军2/3最强大的重型坦克部队和海军陆战队的90%的作战部队投入海湾。美国陆、海、空三军摆出进攻性部署，对伊拉克形成四面包围之势。陆路方面，在沙特境内，与海湾合作委员会部队相接，美国部署了三个装甲师、1个机械化师、1个机械化步兵师、1个机械旅、2个装甲骑兵团和1个战斗航空旅，在宽大正面和己方纵深内形成了可守可攻之势；同时海军陆战队3个远征旅、1个陆军机械化步兵师和英军1个装甲旅，在沙特东北部呈梯次部署；在沙特西部地区前沿一线依次配备有埃及、叙利亚、摩洛哥等国军队，其后为法国地面部队，为美军一线部队提供翼侧保障。具有高度机动性能的第82空降师、第101空中突击师、第11防空炮兵旅及特种作战部分随时根据战场情况实施机动。空中方面，除配置于沙特的空军部队外，在土耳其南部基地美国14架F—111战斗机和48架F—16战斗机构成北出之势；卡塔尔的44架美军F—16战斗机、阿联酋的24架美军F—16战斗机、阿曼的24架美军F—15战斗机可以从东部实施牵制；位于印度洋迪戈加西亚美军基地的26架B—52战略轰炸机可进行全方位的战略支援。在海路方面，『威斯康星』号战列舰和中东特混舰队在海湾海域，『中途岛』号、『独立』号、『萨拉托加』号及『肯尼迪』号几个航母战斗群分别于阿曼湾、阿拉伯海域、红海和地中海实施海上监视和封锁，形成对伊拉克的环形立体包围。

1991年1月17日，美国总统布什一声令下，对伊拉克军队的总攻开始，美军为主的多国部队，依靠先进的武器装备和周密的作战部署，用最小的代价换取了战争的胜利。多国部队首先进行空袭，用最先进的装备、最猛烈和最准确的爆炸制造了一场燃烧着烈焰的『沙漠风暴』，空中打击摧垮了伊拉克大部分战略力量，摧垮了其空军、海军，严重孤立了伊拉克最高领导集团，分割了伊军的空中和地面联系，切断了伊军的补给，瓦解了士兵的斗志，伊军处在最后崩溃的边缘上。直到此时，多国部队才发动起地面进攻，伊拉克人只进行了100小时的抵抗，在损失了41个师、3500辆

坦克、2000辆装甲车、2000门火炮、103架飞机，几乎丧失了抵抗能力后，萨达姆宣布投降，表示无条件接受安理会自1990年8月20日伊拉克占领科威特后通过的所有12项有关决议。而迅速打击并制服伊军数十万军队的多国部队阵亡仅为126人。

海湾战争以美国为首的反伊联盟大获全胜结束，伊拉克自出兵侵占科威特开始就在国际政治舞台上陷入孤立，并且在美国的努力下，越陷越深；外交上一败涂地，得不到一个国家的公开援助和支持；经济上处于全面封锁之下；军事上处于重重包围之中。早已处于四面包围、成了『门内之贼』，遭受彻底失败当然在所难免。

逆境奋进振雄风

1982年和1983年两年间，号称『钟表皇后』的瑞士钟表业，在世界市场上遇到了强劲的竞争对手——日本、香港廉价美观的石英电子钟表的激烈挑战，瑞士钟表在世界市场上的销售量急剧下落到第三位，年产量从原来占世界产量的40%，猛跌到1982年的9%，从而结束了一个世纪以来瑞士钟表称霸世界的局面。瑞士两家最大的钟表业集团两年亏蚀5.4亿瑞士法郎，钟表公司股票下跌，整个钟表业面临全面破产的境地。

钟表业的失败，使沉迷于美梦中的瑞士钟表业者幡然醒悟。以汤姆克为首的一大批钟表企业家在逆境中奋起改革，力挽狂澜。经过两年多的拼搏，瑞士钟表终于再度卫冕，夺回『钟表之王』的桂冠。汤姆克本人也因此被誉为瑞士钟表业的『大救星』。

瑞士钟表业的起落沧桑，告诫人们：在科学技术飞速发展的今天，谁忽视了新技术的研究和应用，谁就会被飞速发展的社会所淘汰！

瑞士地处欧洲中部，是个国土只有4.1万平方公里，人口仅600多万的小国家，因地处内陆，进出口原料和产品不大方便，着重发展那些原料消耗少、技术密集型的工业。因此，钟表工业便成了瑞士重要的经济支柱之一。

瑞士钟表业已有400多年历史，它是从家庭手工业开始的，钟表工人世代相传，迄今仍以中小企业为主。目前，瑞士共有280多家钟表制造厂，员工达43000多人，为瑞士两家最大的钟表业集团——瑞士钟表业公司ASUAG和瑞士钟表工业协会SSIH所控制。20世纪60年代，瑞士钟表达到鼎盛时期，全国每年共生产各类钟表近亿只，总值40多亿瑞士法郎，远销世界150多个国家和地区，钟表产量及出口量均占世界首位，素有『钟表王国』之称。

瑞士钟表不但销售量占世界首位，而且还以品种多、质量好而在世界上享有极高的声誉。瑞士的许多名牌手表成了财富、权势和地位的象征。被誉为『表中之王』的瑞士『劳力士』，尽管每块售价高达8000美元，仍然是世界市场上的热门珍藏品，那价格昂贵、金质镶钻的『卡刹埃』，也同样是国际市场上的抢手货；而『浪琴』、『欧米加』等，则成了达官贵人、绅士淑女引以为荣的财富。此外，『西铁域』、『雷达』、『天梭』等，也是人们孜孜以求的奢侈品……

一个世纪以来，人们提起瑞士便想起它的钟表。钟表成了瑞士的象征而名扬四海。

20世纪70年代中期开始，特别是80年代初以来，由于资本主义世界经济危机的猛烈冲击和日本、香港、美国、韩国等竞争对手的迅速崛起，使瑞士钟表『巨人』每况愈下，难以维持。钟表年产量由70年代前期占世界总产量的40%以上（有的年份甚至高达80%），猛跌到1982年的9%；手表年产量从1973年的9600万块下降到1982年的5300万块；外销量从8200万块滑落到3100万块；销售总值退居世界第三位。瑞士两家最大的钟表集团，1982年和1983年两年累计亏损5.4亿瑞士法郎。有1/3的钟表工厂倒闭，数以千计的小钟表公司纷纷宣告结束营业，一半以上的钟表工人不得不离开了几代人都赖以为生的钟表工厂，悲哀地加入了失业的队伍……整个瑞士钟表业发生了有史以来最严重的危机，面临全面破产的危险。

那么，日升月恒的瑞士钟表业，何以在如此短暂的时间里拱手退出『钟表之王』的宝座？而号称亚洲『四强』之一的日本，何以在一夜之间夺得世界钟表业桂冠？这场具有戏剧性色彩的钟表之战，能给人以什么启迪呢？

在瑞士钟表业历史上，曾记载着一个颇为有趣的故事：

1905年，汉斯·威斯多夫研制成一块准确而可资信赖的机械手表，并在伦敦创造『劳力士钟表公司』。1919年，他将劳力士公司迁往瑞士日内瓦。当时，为了替手表找到一个恰当的名字，威斯多夫绞尽脑汁，创造了『劳力士』(Rolex)这个词，它的字母少得可以挤刻在表面上，他还把这个词用各国的语言发音，以便检验各种音调是否响亮，及各种语言的谐音是否吉利。可是，聪明的威斯多夫惟独忘了日文。也许他认为，那贫穷的岛国日本，压根不是高贵

的『劳力士』栖息之地。于是，直到今天，日文的劳力士只能照搬『Rolex』的字母。

然而，20世纪的80年代，威斯多夫的继任者及其他瑞士钟表业却受到了这不知是有意还是无意的疏忽的惩罚。在最近动荡不安的10年中，日本钟表业制造商秉持其大量生产的技巧、先进的电子技术，源源推出准确、廉价、精美的石英电子钟表，并以其咄咄逼人的竞争力，给瑞士钟表业以致命的打击。

最令瑞士人后悔莫及的是，日本、香港等地生产的石英电子钟表，最早却是瑞士人发明的。瑞士历来以生产传统的机械表闻名天下，到20世纪60年代，瑞士人首创了生产电子表技术，并研制成世界上第一块电子表。遗憾的是，在从传统的机械表转向生产电子表的过程中，瑞士人表现出惊人的保守和迟钝。他们认为，石英电子表不过是『难登大雅之堂的小玩意』，所以他们听任日本人发展电子表。

瑞士人的高傲和自信，把整个钟表业一步步引向不能自拔的深渊。直到70年代初期，面对来势凶猛的日本、香港、美国、韩国钟表业的激烈挑战，瑞士人才渐次醒悟，预感到前程的坎坷，这才开始着手研究电子表。但他们仍然顽固地解释说：『那是为绸缪未来可能的变迁；我们现在还无需变迁，但要着手应付可能的变迁。』这种情形正如日内瓦国际管理研究院钟表业专家俄斯·钦耐德指出的：『以往，瑞士钟表业者深信他们已是该行业的佼佼者，无惧于任何人的打击。直到70年代初期，他们还天真地以为危机只是短暂的；而事实上，那已是乾坤转寰的问题，继起的经理们更未能完全体识当时的处境。』

瑞士人的迟钝和自信，使日本钟表制造商喜不自胜。机敏的日本人早就预测到：在未来10至20年时间内，市场上手表的需求量最大的将是准确而价廉物美的手表，而石英电子钟表正迎合了这种需求。事实也正是如此。一块随时可以丢弃、价值仅10美元的石英表，每个月的准确误差不超过15秒；而瑞士『表中之王』劳力士，每个月的准确误差或快于180秒，或慢于120秒。两者相比，无疑石英电子表占了绝对优势。因此，到了1983年，瑞士钟表业不得不悲哀地退出『钟表国王』的宝座。

为扭转钟表业急剧衰落的局面，近几年来，瑞士各级政府和实业界有识之士，采取许多抢救措施，力图重振昔日霸业。以瑞士银行公司和瑞士联合银行为首的7家银行，首先发起组成银行集团出面抢救。他们投资10亿瑞士法郎，买下了瑞士两家最大的钟表业集团——瑞士钟表业公司ASUAG和瑞士钟表工业协会SSIH公司的98%的股票，并将两大公司合并，于1983年5月组建阿斯钟表康采恩，撤换了原来的领导成员，由银行集团派任欧内斯特·汤姆克担任康采恩总经理。

汤姆克，1985年45岁，他原来是一个医学博士，1978年弃医从技，出任埃塔钟表零件公司经理。他不仅是个有丰富的管理经验的企业家，而且还是一个微电子技术的积极开拓者。几年前，汤姆克就预感到，80年代瑞士钟表业将会遇上强劲的竞争对手，如果不从传统机械表转向主要生产石英电子表，瑞士将失去钟表王国的地位。因此，他著书立说，呼吁发展瑞士的微电子技术。他出任埃塔钟表零件公司的经理后，看到日本生产的世界上最薄型手表，对瑞士钟

表业构成极大的威胁，好战的汤姆克决心要赢得这一『薄型钟表战』。汤姆克亲自制订改革方案，更新生产工艺，将原来制作手表的『三部曲』精简成『一部曲』。半年之后，埃塔公司生产的厚度仅2毫米的薄型手表——斯沃奇，震动了国际钟表业界，就连日本人也连连称奇。

汤姆克担任总经理之后，首先把人才视为振兴霸业的关键。他把工程师、设计师当作知心朋友，大胆委之以重担。在设计会上，他鼓励设计师大胆创新，各抒己见，并特别欢迎对自己的方案提出异议。假日里，他经常和这些穿着随便的设计师们上山野餐，沟通感情。但汤姆克对失职的管理人员却丝毫不留情面。上任伊始，他就解雇了一大批不称职的管理人员。当某一部门的管理混乱时，汤姆克便会立即严厉地发出解雇警告。

在产品结构上，汤姆克采取由生产机械表为主转为生产电子表为主的战略决策。阿斯钟表康采恩成立之前，原来两家钟表公司主要生产浪琴、西铁域、雷达以及欧米加、天梭等名牌表，这些高档名牌表虽然仍处于领先地位，但有相当一些牌子利润不高，无力与大量廉价的石英电子表抗衡。汤姆克果断地淘汰了一些牌子，同时对一些仍有市场的名表进行革新换代。

『欧米加』曾经是瑞士高档名牌手表之一。但70年代以来，在与日本、香港石英表的竞争中，连连失利，欧米加手表厂严重亏损，仅1980年亏损额就达4000万瑞士法郎。汤姆克分析说，欧米加亏损的原因有三条：一是改变石英表太迟，以致被日本和香港抢去市场；二是销售战略失误，销售人员缺乏现代化的市场知识，未能及时掌握市场需求动

向；三是产品结构不合理。该厂每年生产1500多个品种的欧米加手表，其中许多品种生产批量很小，有的甚至每年仅生产5块，这不仅不利于提高生产效率、降低生产成本，而且也给工厂的管理带来许多麻烦。为收复失地，汤姆克对该厂进行全面整顿，制订了改革方案，首先将5450名职工裁减或调职，最后仅剩下1555人；其次，减少品种，坚决淘汰一批利润不高的品种，并将大量卖不出去的存货废弃。

汤姆克在淘汰一批名牌表的同时，研制出一批被誉为振兴瑞士钟表业『旗手』的新式石英钟表，其中最具竞争力的就是薄型斯沃奇表。

斯沃奇，是一种圆形长针日历表，全塑表壳表带，表身精美轻巧，并有许多不同的颜色，带有草莓、香蕉等多种不同香味。由于采用新的制表工艺，零件比普通表减少一半，具有抗震性能强，防水性能好，并能经受得起30米深的水压等优点。在生产过程中，汤姆克采用最先进的设备，如机器人操作等，因而成本很低，每块售价才30美元。该表问世后，销量扶摇直上，首批出口美国400万块，一下子就被抢购一空。接着，汤姆克又在日本设立『日本瑞士钟表公司』，专门推销这种新式表。1986年他以一块7000日元的价格，在日本推销，计划三四年后年销量100万块。汤姆克说：『在最大的钟表国取得成功，瑞士便可重新确立世界王牌的地位。』

瑞士联邦政府和企业界人士致力振兴钟表业，不仅是为了恢复瑞士的传统经济，而且还想以钟表业为突破口，开拓瑞士新技术革命的道路。早在1978年，联邦政府就作出决定，在4年内增拨2400万法郎的研究经费，用于研究微电子

技术；同时还拟定增建一个『电子元件检测中心』。到1984年，所确定的有关电子表元件的科研项目，有37项目已经完成。因此，可以说在资金和科研上，瑞士钟表业已基本上完成了由生产机械表为主，转向生产电子表为主的战略转移。

阿斯钟表康采恩的子公司马林微电子技术公司，今后将成为瑞士微电子技术的中心。目前该公司已安装了一条制造新的集成电路的生产线，制造性能更高、价格更低的集成电路。这种仅2微米大小的超微型集成电路，除了在本国钟表业应用外，还可以向其他行业提供服务，并发展到向世界市场大批生产。

汤姆克并不为成功而停步。目前，他正设法改进阿斯钟表康采恩的许多毫无竞争性的中档牌子。此外，继续发展用于航天工业、深水作业以及大型国际体育比赛用的高精确度钟表。瑞士生产的这类钟表每天误差不超过百万分之1秒，其中原子钟可保持3000年误差不超过1秒。这类钟表在国际市场上一直享有盛誉。

经过几年的调整之后，瑞士钟表业终于渡过了有史以来最严重的危机，进入新的发展阶段。1984年，瑞士钟表出口总值达40亿瑞士法郎，占世界市场的40%，恢复到1981年前的水平。1985年，瑞士钟表业又传捷报，出口金额总计43亿瑞士法郎。瑞士钟表业终于击败日本，再度夺回了『钟表王国』的桂冠。

第二十三计　远交近攻[1]

原文

形禁势格[2]，利以近取，害以远隔。上火下泽[3]。

按语

混乱之局，纵横捭阖[4]之中，各自取利。远不可攻，而可以利相结；近者交之，反使变生肘腋。范雎[5]之谋，为地理之定则，其理甚明。

注释

①远交近攻：即结交远国而攻击邻国。语见《史记·范雎传》：『王不如远交而近攻，得寸则王之寸也，得尺亦王之尺也。』②形禁势格：一作『形格势禁』。格，阻碍；禁，禁止。即形势的发展受到阻碍。③上火下泽：《易经·睽卦》：『象曰：上火下泽，睽；君子以同而异。』其意思是：火向上烧，水往下流，它们的性质正好相反。君子应当求同存异，在不同的事物中寻求其可以共存的条件。④纵横捭阖：纵横，合纵连横。战国时，苏秦主张联合六国抗拒强秦，叫做合纵；张仪主张分化六国，说服他们服从强秦，叫做连横。捭阖，见《鬼谷子·捭阖》：『捭之者，开也，言也，阳也；阖之者，闭也，默也，阴也。』或开口说话，或沉默不语。或该说什么，不该说什么。或采取公开的手段，或采取阴谋手段。纵横捭阖的意思是，根据不同的情况相机行事，采取各种手段来达到自己的目的。

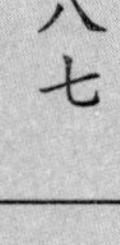

⑤范雎：一名范叔，战国时魏人。曾化名张禄入秦国游说秦昭王，主张远交近攻。

注释

当形势的发展受到地理条件的限制时，先攻取就近的敌人对我们有利，先攻取远隔的敌人对我们有害。根据睽卦原理，应当对不同的军事集团采取联合，以达到我们的目的。

（按语）在局势混乱、变化复杂、诡计多端的状况下，任何一方都会为自己谋取利益。对远隔的敌人不要去攻击，而可以用利益和他结交；如果和邻近的敌国结交，将对自己不利，反而会使变乱发生在自身要害处。战国时范雎的远交近攻谋略，就是把地理的远近作为不同政策的施行原则，其中的道理是十分明显的。

经典事例

伐交攻心平叛乱

齐宣王命田忌和孙膑收复边城，平息公子郊师叛乱。孙膑对齐宣王道：『公子郊师区区乌合之众，之所以敢与国家为敌，是因为有魏国作后盾。秦国乃魏国劲敌，大王可派能言善辩的说客，前往秦国游说秦王与齐国结盟，请秦国出兵进攻魏国；韩赵两国早有与齐国结盟之意，只是因为我国内乱，才没有立盟，大王可派使者前往韩国与赵国，确定立盟之事，然后请韩赵两国同时出兵。若三国出兵，庞涓将无暇顾及公子郊师。此外，大王再派一使者前往楚国，答应割让城邑给楚国，使楚国不再与魏国和好，魏国将更为孤立，此时我们再出兵收复边城，轻而易举。』

齐宣王问孙膑何人出使这几个国家最为合适，孙膑道：『禽滑聪慧过人，能言善辩，可出使楚国、韩国，他既能让反复无常的楚王因贪利，再来一次反复；又可使老谋深算、犹豫不决的韩王看清利害，出兵相助。大王可命高大夫出使赵国，高大夫秉直的性格，很容易让赵王相信我们诚意。大王可命邹忌出使秦国……』

齐宣王不解，打断他道：『邹忌引咎辞职，他嘴上不说，心里非常不满，如果让他当使者，去而不返事小，若他有意坏寡人大事，如何是好？』

孙膑道：『邹忌在相国位置上发号施令多年，如今做普通百姓，很不习惯，他很想找个机会显示一下自己的才能，以期得到大王的赏识，再回朝中，大王若给他这个机会，他一定会尽心尽力。』

齐宣王道：『为何非给他这个机会不可呢？寡人完全可以派别人前往秦国。』孙膑道：『此次伐交，秦国最为重要，因为只有秦国方能与魏国抗衡，秦国出兵，才可使庞涓顾西而不能顾东。大王命失去相国职位的邹忌前往秦国，不用多言，秦王便可从中窥视到大王的胸怀，任何一个国君，只要不是糊涂的君王，都愿与胸怀大度的君王结盟，而不愿与斤斤计较的国家为伍，这是其一。其二，邹忌会尽最大努力游说秦王，这将使秦王感到，曾与大王为敌的人也如此全力为国，可见这个国家的朝政一定非常稳定，任何一个国家都不愿与危机四伏，动荡不安的国家结盟，除非这个国家另有所图。还有，邹忌说话滴水不漏，颇有大国使者的风度。所以，前往秦国，非邹忌莫属。』

齐宣王由衷赞成孙膑的宽大胸怀和用人之道。

齐国迟迟未出兵收复边城，庞涓估计齐国是打算派使者游说韩、赵、楚、秦等国，共同对付魏国，他对庞葱道：『这是孙膑惯用的伎俩，兵家称之为伐交……庞葱，你若是我，打算如何对付孙膑的伐交之策？』

庞葱道：『赵国与韩国惧怕叔父，叔父可派使者恐吓他们，若与齐国结盟，魏国大军将直逼他们的国都；楚王是个贪图利益又自命不凡的人，叔父可送给楚王珠宝与赞美之言，楚王就不会帮助齐国；秦国是一个贪得无厌的国家，韩国为成皋一战，送城邑给秦国，秦国还不满足，叔父可答应秦王共同瓜分韩国的土地，秦国必然不与齐国结盟。』

庞涓满意地笑道：『庞葱，你很有长进……不过，你太小瞧韩国与赵国了，孙膑为他们攻克上党，使韩赵连为一体，只是恐吓，阻止不了他们与齐国结盟，应该分而治之，对赵国可以恐吓，对韩国可以恩威并用，韩国的军队经孙膑训练之后，已非昔日那样不堪一击；而对秦国，轻易不要答应他们的条件，秦国一直想东进，不论你答应他任何条件，都无法满足他东进的欲望，只有以威相对。』

庞涓让庞葱出使韩国，他对庞葱道：『韩国对我们很重要，若说服韩国与我们结盟，秦国就不足为虑，若不能说服韩国，事情就有些麻烦。』

庞葱到达韩国的时候，禽滑也到达了韩国，齐魏两国的使者都是为结盟而来，韩王一时拿不定主意，他问朝中大夫们如何是好。

中大夫赞同履行与齐国盟约，反对与魏国和好，他对韩王道：『魏国野心勃勃，又言而无信。它一直想吞并韩、

赵两国，只是东有齐国，西有秦国，才未能如愿，我们不能与这样的国家结盟。』

左大夫的意见与中大夫截然相反，他对韩王道：『我不否认魏国有野心，凡是大国都有野心，只要我们善于在大国间周旋，他们就无法灭亡韩国，我们之所以答应与魏国结盟，就是为了与其周旋，使魏国没有借口对我们用兵，否则，弄得太僵，魏国真对我们动用军队，齐国内乱不止，无力帮助我们，韩国将难以御敌。』

韩王不想与魏国对抗到底，又担心魏国言而无信，他想要一个两全其美之策。司马大夫道：『大王可告诉魏国使者，若让魏国的太子申来韩国做人质，韩国便与魏国结盟。太子申是魏王最宠爱的儿子，太子申做人质，魏国就不敢进犯韩国。』

庞涓本不想答应韩国苛刻的条件，但他听奸细说齐国出使秦国的使者是邹忌，便对庞葱道：『孙膑太会选人了，邹忌出使秦国，秦国肯定与齐国结盟，如果韩国再乘机兴风作浪，我们就难以对付了……先答应韩王的要求，以后再想办法让太子回来。』

韩国答应与魏国结盟，中大夫感到愧对孙膑和远道而来的禽滑，他特意向禽滑表示歉意。禽滑对他道：『孙先生本来就没指望韩国帮助齐国，只要韩国不出兵帮助魏国，我此行的目的就算达到了。』

中大夫道：『禽先生尽可放心，韩国虽未与齐国结盟，但朝中大夫，包括大王都把齐国当做友国，决不会出兵帮助魏国进攻齐国。』

禽滑道：『我说的出兵，不是指帮助魏国进攻齐国，而是帮助魏国对付秦国，如果秦国出兵攻魏，韩国不出兵相助，庞涓便东西不能两顾，我们就可以乘机收复边城，平息叛乱。』

申大夫有些为难，道：『秦国一向威胁韩国，如今仍占据着韩国的边城，大王做梦都想收回边城，魏国若与秦国交兵，大王非出兵不可。』

禽滑微微一笑，道：『收回边城，未必需要出兵，只要一句话，秦王就会将边城还给韩国。』

申大夫道：『请禽先生明示。』

禽滑道：『秦国出兵攻魏，必走函谷关，秦国兵出函谷关与魏军交战之时，韩国可屯兵秦韩边境，威胁函谷关，然后派人告诉秦王：若秦国归还韩国边城，韩国将按兵不动，若秦国不归还边城，韩国将出兵截断秦军的粮道与退路。秦国将不得不归还边城。』

申大夫赞叹道：『好，好一句话！禽先生的智谋，可与孙先生媲美！』

禽滑笑笑，道：『不瞒你说，这是孙先生的主意……来时孙先生让我告诉你，只要这次韩国不帮助魏国，韩国有难，齐国决不会袖手旁观。』

申大夫道：『请禽先生转告孙先生，只要能收回边城，寡君决不会帮助魏国。』

禽滑出使韩国干得漂亮，邹忌干得也很漂亮，秦国答应与齐国结盟，三十万军队出函谷关，进入魏国。庞涓率

魏国大军迎击秦军，决心与秦国军队一争高下。庞涓临行，仍惦记齐国的公子郊师，他嘱咐驻守齐魏边境的费将军：『宁可失去齐国边城，也不可失去公子郊师，只要公子郊师在，齐国就不会安宁。』

齐宣王决不会容公子郊师与自己分庭抗礼，他命田忌、孙膑立即收复边城、平息叛乱。齐太后听说此事，质问宣王道：『听说你又要出兵讨伐郊师？』

齐宣王解释道：『不是讨伐，是请郊师兄弟回到太后身边。』

齐太后冷笑道：『什么请，别糊弄我这个老太婆了，我心里明白……大王，我还是那句话，国家的事我不管，但你们兄弟之间的事，我不能不管，无论你有什么理由，也不能伤害郊师，你若伤害郊师，我就死在你面前。』

齐宣王道：『太后放心，王儿已经下命，只准收复边城，不得伤害郊师，伤害郊师者，将与郊师同葬。』

齐太后道：『田忌与孙膑若不遵命呢？』

齐宣王道：『违抗君命，就是死罪。』

田忌和孙膑指挥齐军将公子郊师盘踞的廪丘、范城、马陵分而围之。公子郊师依仗魏国的支持，负隅顽抗，命令叛军拼死守城，一场血战似乎在所难免。

田忌对孙膑道：『孙先生，边城内外，皆齐国士兵，有的人还是乡邻亲戚，若能兵不血刃收复边城，才是上策。不知军师可有妙计？』

孙膑道：『攻心。』

田忌道：『如何攻心？』

孙膑道：『凡有乡邻亲戚在城中者，让他们写一书信，信中除了叙旧之外，告诉城内的乡邻亲戚，弃暗投明者，我们将既往不咎，然后用弓箭将书信射入城中……』田忌道：『如此发信，信会落入他人之手。』

孙膑微微一笑，道：『我要的就是这种结果，如此以来，一封信将一传十，十传百，城内的叛军就都将知道我们的态度。《孙子兵法》上说：投之亡地然后存，陷之死地然后生。我是反其道而用之，让叛军有生路可走，求生是人的本能，只要有生路，多数士兵将无心守城，军心必然浮动，将军们就是有天大本事也无法控制军队，我们若此时攻城，即使不能兵不血刃，也将是轻而易举。』

田忌赞叹道：『好，一封书信，胜过十万大军！』

孙膑的攻心之箭纷纷落入叛军手中，果然一传十，十传百，守城叛军军心浮动，廪丘叛军逃兵过半，范城叛将开城投降。叛军首领高将军对公子郊师道：『孙膑攻心不攻城，说明他的确计高一筹……不过，同时也说明他对公子不敢轻举妄动。只要公子在，我们就有希望，公子不如做个人情，告示全军，愿意走的，可以走，愿意留的，随公子前往魏国，待庞涓大军凯旋，我们再卷土重来。』

公子不快地道：『我不去魏国！』

高将军道：『孙膑用兵如神，我们不是他的对手，我们应该先避其锋芒……』

公子郯师打断他，道：『你们都怕孙膑，我不怕，我就是要看看他有多大本事。』

高将军道：『公子，现在不是逞能的时候，如果此次兵败，公子即使侥幸不死，也不可能再集结这么多军队，更不可能夺取王位。』

公子郯师道：『躲到魏国就有可能吗？吃人家的残汤剩饭，看人家的脸色行事，被人家使唤过来，使唤过去，那种丧家之犬的滋味好受吗？』

高将军道：『今日听别人使唤，是为了将来夺取王位使唤别人……公子，成大事的人，要能忍耐屈辱。当年晋国的公子重耳，漂泊国外十数年，受尽困苦，吃尽屈辱，最终回到国家，不但做了大王，而且成了霸主，名留史册……公子为何不能成为第二个重耳呢？』

公子郯师道：『我真无法忍受魏国人盛气凌人的样子，尤其是庞葱……』

高将军道：『孔夫子有句话：小不忍则乱大谋。为了王位，公子就忍一忍吧……』

公子郯师最终听从高将军的劝告，率残部弃城而逃。齐国军队网开一面，放公子郯师一条生路。

田忌有些遗憾，他对孙膑道：『如果不是大王有命，我决不放过公子郯师。』孙膑道：『他还要回来，下一次，他在劫难逃。』

远交近攻统六国

秦统一六国之战发生在公元前230到公元前221年。秦国用了十年时间将韩、赵、魏、楚、燕、齐东方六国逐一灭掉，统一了天下。秦国之所以能够取得胜利，应该说，正确地采用『远交近攻』的战略指导方针，是夺取胜利的关键。

秦昭王时期，东方六国采用苏秦的『合纵』之策，共同对付秦国。秦昭王便向范雎请教如何破坏东方六国的这种『合纵』抗秦联盟。范雎仔细认真地分析了当时秦国的情况和东方六国的状况。指出东方六国之所以能够合纵抗秦，很重要的一点是：他们认为秦国是他们的共同敌人，是对他们生存的最大威胁。因此，为了共同的利益，使他们暂时放弃了彼此之间的矛盾和争执，齐心协力团结抗秦。而作为秦国，就应利用东方六国之间存在的矛盾，首先与距离秦国较远，矛盾不十分尖锐的楚国、燕国和齐国搞好关系，使他们感到秦国不但没有吞并他们的想法，而且还有与他们结好的愿望。以松懈他们对秦国的警惕，进而达到拆散东方六国建立的反秦联盟的目的。然后，集中力量打击与秦国邻近的韩国、赵国、魏国。这不但可以解除秦国进攻齐国、燕国和楚国时可能出现的后顾之忧，并且可以切断南方的楚国与燕国和齐国的联系，为第二步再攻打楚、燕、齐三国创造条件。这就是范雎所提出的『远交近攻』战略的核心。秦昭王对范雎的建议大为赞赏。自秦昭王到秦王嬴政，历代秦国君主无一例外，将『远交近攻』定为国策，坚决执行，并根据不同情况，制定对付东方六国的具体策略。

秦国自商鞅变法后，不仅土地扩展了，而且拥有当时中国最富庶的四川平原和关中地区，国力大增。到秦王嬴政时期，秦国已拥有『战车万乘，奋击百万，沃野千里，蓄积饶多』。这就为秦灭六国奠定了雄厚的物质基础。

而东方六国，虽一度采用苏秦的合纵抗秦之计，集六国之财力、物力共同对付秦国，也曾取得了一些胜利，并一度迫使秦国不敢轻易进攻六国。但随着时间的流逝，到秦王嬴政时期，六国各自为自己的利益着想，各怀私心，再也不能合力同心抗击秦国了。

秦王嬴政在发动统一战争前，召集文武官员全面分析了东方六国的各自情况，为确定灭亡六国的策略，提供依据。

李斯认为：在东方六国中，韩、魏、燕的力量最弱。特别是韩国，早在公元前254年就已向秦国称臣。而现在的韩国又处在秦国的三面包围之中，什么时候想灭掉它，随手即得，可谓易如反掌。而魏国自马陵、桂陵两战被齐国的孙膑打败后，国势日益衰落，又不断遭到秦的进攻，领土日渐缩小，也不可能对秦国构成威胁。而燕国远离秦国，况且地广人稀，土地贫瘠，国力较弱，并且与赵国和齐国的矛盾很深，彼此之间多次发生战争，结果损兵折将，日渐衰落。

那么只有楚、赵、齐三国可谓六国中的强国，但现在它们也很难与往日的鼎盛时期相比。

赵国虽然『地方二千里，带甲数十万』，是仅次于秦国的第二强国。但自赵孝成王之后开始衰落，太原、上党相继落入秦国之手。特别是长平一战，秦国坑杀赵国降卒四十万，使赵国从此再没能恢复元气。虽然赵国后来联合魏国和楚国，打退了秦国对邯郸的围攻，但作为强国的历史已经一去不返了。

南方的楚国虽有『带甲百万』，土地五千里。但自都城郢被秦攻破后，都城被迫东迁，以避秦军的锋芒，最后迁到寿春。而此时的楚国，君臣上下俱无复国图强之志，只求苟且偷安。

而齐国这时只知独立保境，从不援助其他国家的抗秦，加之此时的齐国已经几代无良将，因此国力也日渐衰落。

李斯根据自己对东方六国情况的分析，向秦王嬴政建议，凭借秦国的强大，『足以灭诸侯，成帝业，为天下一统』。否则一旦『诸侯复僵（强），相聚合纵』，那就错过了万世难得的机会，应不失时机地发动对东方六国的战争，统一天下。

卫缭也提出建议，为破坏东方六国的合纵，建议秦王嬴政应采取『毋爱财物，赂其豪臣，以乱其谋』的策略。从敌国内部进行分化，瓦解。以配合正面进行的军事斗争。

韩非则进一步提出了秦灭东方六国的具体方案，那就是：『破天下之纵，举赵亡韩，臣荆（楚）魏，亲齐燕，以成霸业之名。』即首先进攻近处的赵国和韩国，同时暂时稳住楚国和魏国，拉拢燕国和齐国，等灭赵之后，再逐一灭掉其他五国。韩非的这一战略，实际上是继承和发展了秦国自秦昭王以后所一直奉行的『远交近攻』这一既定的国策。

秦王嬴政采纳了他们的建议，确定了在『远交近攻』这一战略决策的指导下，首先重点打击赵国，并乘势灭掉韩国，而后一举再灭魏国，控制中原。打破东方六国的合纵可能，然后消灭楚国，最后再灭燕、齐。实际上这是一个先弱后强，由近及远各个击破的方针。

这样便开始了在『远交近攻』战略指导下历时十年的统一战争。

公元前236年，秦国抓住赵国进攻燕国致使内部空虚这一时机。一面派使者去燕国，向燕王表示秦国愿意出兵援燕，并商定一旦灭赵，两国平分其地，燕王听后大喜；一面派大将王翦率秦军经上党地区进攻赵的都城邯郸。又派将军桓齮率军攻打邯郸以南地区造成对赵国的合围。赵王闻讯，急忙把进攻燕国的军队调回，命大将李牧迎击王翦，扈辄阻击桓齮，双方互有胜负，很快形成对峙局面。后来桓齮采用迂回战术大败扈辄，斩杀赵军十万余人。但很快李牧挥军救援，又将桓齮击退，双方又呈对峙状态。消息传到咸阳，秦王嬴政听罢焦躁不安，担心时间久了，东方六国看出秦国的意图，再结合纵进攻秦国。于是，急忙召集会议商议对策。卫缭说：『我知道赵王身边有一宠臣名叫郭开。此人生性嫉妒而又十分的贪财，与李牧素来不睦。大王可不惜重金行贿，让他在赵王面前诋毁李牧，加之赵王生性多疑，必然中计。』

郭开在得到秦国贿赂他的金银后，立刻在赵王面前造谣说：『李牧击败桓齮却不回击王翦，而按兵不动，大王几次催他进兵，他都以各种借口加以搪塞，拒不领命。我看他这是心怀异志。大王对他可要警惕呀，别忘了他现在手

中可掌握有几十万军队，一旦他投降了秦国，回过头来打我们，那可就……。』赵王忙问：『那我该如何？』郭开言道：『可先夺取他的兵权，改由赵葱为将。』赵王听信了郭开的话，杀了为赵国曾屡立战功、威震秦国的李牧，由赵葱为将。赵军将士见此个个寒心，兵无斗志。

正当秦军集中力量攻打赵国时，韩王安却慑于秦国的声威，派人到秦国请降。秦王嬴政大喜，立刻派内史腾前去接受韩国的土地。公元前230年，秦借口韩国仍与赵、楚搞合纵，派兵攻打韩国，很快俘获了韩王安，其地置为颍川郡。这样韩国在六国中首先被秦国所灭。

公元前229年，秦国利用赵国发生大地震和旱灾的机会，派王翦再次攻打赵国。秦军一举突破井陉，攻克邯郸，赵王迁也当了秦国的俘虏，赵国灭亡。

秦灭赵后，陈兵于燕、赵边境，虎视燕国。这时燕王才如梦初醒，意识到当初秦军出兵援燕是假，一旦它灭掉了赵国，下一步就是攻打燕国。燕王后悔当初不该听信秦国的挑拨而与赵国交战，如今赵国已亡，燕国再也没有什么天然屏障可以抵御秦军了。早先燕王的谋臣鞠武曾建议燕王：『西约三晋，南连齐、楚，北媾匈奴以图秦』的方针，这实际上是一种合纵拒秦的战略。但现在赵国已亡，失去了时机。燕王无奈只好听从太子丹的建议，把燕国的命运都押在刺客荆轲的身上，幻想通过他刺死秦王，以挽救燕国。燕太子丹一直把荆轲送到易水河边，两人洒泪而别。

秦王嬴政听说燕国愿意割地请和，所派使臣已达咸阳。又听说燕使还将秦国叛将樊於期的人头给送来了，很是

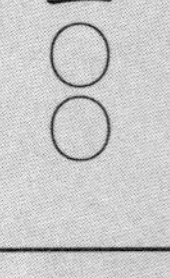

高兴，亲自接待荆轲。荆轲献上樊於期的人头后，又献上燕国准备割地的地图，一边展开，一面用手将燕国准备割让给秦国的地方一一指给秦王。当最后地图全部打开时，秦王才发现在地图中间藏着一把明晃晃的匕首。说时迟，那时快，荆轲右手抓住匕首，左手抓住秦王的袍袖，要秦王放弃攻燕。秦王大惊失色，用力挣脱，情急之中想拔佩剑，结果由于剑长，加之心情紧张，怎么拔也拔不出来。又见荆轲举着匕首奔来，秦王只好绕着大殿的柱子躲避荆轲，危急之中，一个侍医将随身携带的药箱砸向荆轲。此时秦王又忘了下令召集殿外的武士。众人则大叫让秦王从背后抽出宝剑，果然秦王抽出了佩剑，回身一剑砍断了荆轲的左腿。荆轲倒在地上，将手中的匕首掷向秦王，被秦王躲过，击中了大殿的柱子。荆轲见未击中秦王，不禁仰天长叹一声：『此番未能击杀秦王，非我荆轲之过，实乃天意，上天要亡燕国啊。』

秦王嬴政马上派大将王翦和辛胜率军大举攻燕。在易水边，秦军大败燕军，并乘胜攻占燕都蓟，燕王喜与太子丹逃到辽东。秦将李信追击千里，最后迫使燕王喜杀死太子丹向秦国投降，燕亡。

秦灭韩、赵、燕以后，基本上控制了黄河中下游地区，只剩下孤立无援的魏国。公元前225年，秦国派王贲率军从关中出发，直捣魏国的大梁。怎奈大梁城墙高厚，异常坚固，屡攻不克。于是秦军便引黄河和鸿沟之水，灌进大梁。大梁终于被秦军攻克，魏王假投降，魏亡。

至此东方六国已有四国灭亡，只剩下南方的楚国和东方的齐国。在齐楚之间，攻齐，必须越过新破之国，人心

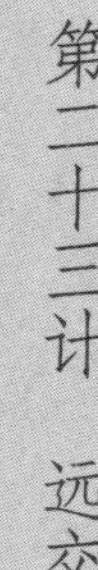

未附，补给困难，依据『远交近攻』的战略方针。秦王决定先攻楚国。虽然过去秦国曾数次大败楚国，但楚国毕竟是一个大国，秦国不敢轻视。因此，在出兵前秦王嬴政召集部将商议攻灭楚国的策略。将军李信年少气盛，又在灭燕的战争中俘获燕王，深得秦王的赏识。于是秦王首先问李信：『寡人想攻取楚国，依将军看来，需用多少兵力才能取胜呢？』李信答道：『依末将看来，最多不过二十万人！』秦王嬴政转过头来又问老将王翦：『老将军依你看呢？』王翦回答说：『楚国乃是一个大国，要想灭楚非六十万人不可。』秦王听罢很不以为然，不禁脱口说道：『看来王将军真是老啦，连打仗也不如以前勇猛而变得胆小起来，李将军不愧年少有为，勇猛果敢，那么我就任命你为主将，蒙恬为副将，率军二十万即日起兵，攻打楚国。望将军早日奏凯回师，寡人当亲自前往迎接。』李信得意洋洋，与蒙恬领兵二十万杀奔楚国。王翦见此情景，便借口自己年老体衰，告老还乡，回到老家频阳以度晚年。

开始秦军进攻比较顺利，很快李信攻占了楚国的平舆，蒙恬攻占了寝，大败楚军。秦军连胜之后，开始骄傲轻敌，而楚军在大将项燕的指挥下，利用秦军的麻痹轻敌，突然发起反击。在楚军的猛烈打击下，秦军溃不成军。楚军连续追击三天三夜，攻下秦军营垒两座，杀死都尉七人。这是秦国在统一六国战争中遭遇的最惨重的一次失败。

秦王嬴政得到秦军失利的消息后，勃然大怒。这才意识到，王翦当初的主张是正确的。于是他亲自来到王翦的家乡，登门向王翦赔礼：『寡人不用将军的计策，结果李信大败而回，使我军蒙受了很大的耻辱。又据报告，楚军正向我边境逼进，我秦国处境危急。现在将军您虽然有病在身，也不能把我抛弃啊！』王翦答道：『老臣我身染重病，很是虚弱，很难领兵出征了，还望大王选择更有能力的人为将吧。』秦王说：『我已经找到了这样的大将了。将军你就不必再多说了。』王翦说：『如果大王非坚持让我领兵出征的话，那么灭楚非需用六十万人不可。』秦王答道：『一切均由将军一人定夺，打仗之事全都要仰仗将军了。』

王翦率大军六十万灭楚，秦王嬴政一直送到灞上。王翦鉴于李信轻率进军的错误，在攻入楚国后，采取以逸待劳的作战方针，在陈邑、商水、上蔡、平舆一带构筑营垒。

楚王负刍听说秦国再次来攻，而且又是倾全国之兵出动时，也动员了全国的力量，准备和秦军决一死战。

项燕鉴于秦国这次是以六十万大军来攻，领兵的又是老谋深算的名将王翦。便仍采取上次打败李信的战术，在寿春以北的淮河北岸构筑营垒，用坚固的防守，首先挫败秦军的锐气，等到对方久攻不下，粮草不济时，再指挥楚军全线出击，向秦军反攻，一举将其赶出楚境。从当时秦楚力量对比上看，项燕的这一战略无疑是正确的。六国之中除楚国外，只剩下一个齐国，而它又一直抱着保境的观念不放，因而楚国不能指望齐国出兵援助自己。而秦国在吞并了四国后，可谓兵强马壮，士气正盛。虽然前次李信攻楚受挫，这对于秦国这个带甲百万的强国，是不会产生严重影响的。所以贸然进攻秦军，只能加速自己的失败。当项燕看到王翦把军队扎在建好的营垒里面的时候，更加坚信了自己的主张，即不能主动进攻秦军，而是与之对峙。

因此，秦、楚两军在淮河对峙达数月之久。楚王负刍见项燕数月没有动静，以为他胆怯而不敢与秦军交战，便几

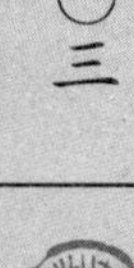

次派人催促他进攻秦军。项燕反复说明自己的理由，无奈楚王固执己见。甚至怀疑项燕不主动进攻，是与秦军有什么密谋。项燕只好改变原来的计划，率军离开营垒，从西面进攻秦军。结果秦军营垒坚固，楚军根本无法攻破，Idh因此死伤很多。项燕只好领兵又改从东面攻击秦军。

楚军的这些动向，早被王翦了解得一清二楚。于是他利用楚军疲惫不堪，又离营而去的有利时机，下令全军出击，与楚军大战于涡河。秦军奋勇冲杀，楚军只得且战且退。不想又遇到涡河的阻拦，真是前有所阻，后有追兵。顿时楚军队伍大乱，被秦军杀死和落水而死的不计其数。只见河面上漂满了楚军的尸体，项燕也在蕲被秦军杀死。

王翦一面命蒙武率军攻占淮河以北的楚地，自己则亲自率军直扑楚都寿春，俘虏了楚王负刍。第二年，王翦又平定了江南的楚地。

现在六国之中只剩下齐国。这时的齐国，内部混乱不堪，人心涣散，虽然有人曾提出建议，与其坐以待毙，不如主动出击。这实际上是纸上谈兵，无济于事。齐王建不甘心就这样为秦所灭，还想作一番挣扎，他把军队集中在齐国西部，准备抗击秦军。

公元前221年，秦军避开了齐军重兵防守的西部。避实击虚，而从防守薄弱的北部发起进攻，地插齐国的都城临淄。在对齐国施加压力的同时，秦国还对齐国采取政治诱降的策略。许诺只要齐王答应投降，秦国可以给他五百里封地。在秦军的压力下，齐王建出降。秦王嬴政终于用了十年的时间，完成了灭六国，统一天下的大业。

李斯、韩非和卫缭发展了由范雎提出的『远交近攻』的谋略，并把这一谋略从单纯地运用于军事斗争发展到与政治、外交斗争相结合。因而在实行过程中，能够依据情况，交相使用，灵活掌握，依次击灭六国。

秦灭六国之战，可说是『远交近攻』谋略成功运用的范例。

日本偷袭珍珠港

1941年12月7日清晨，太平洋上的明珠夏威夷群岛风光明媚，瓦胡岛南端的珍珠港内舰艇麇集，街道上车辆穿梭，市民们有的在作晨祷，有的在进早餐，有的在海边漫步……一派和平安宁的景象。突然间，战云突起，祸从天降。数百架飞机黑压压地呼啸而来，一条条航空鱼雷飞向战舰，一枚枚重磅炸弹落向机场、仓库和工厂。顿时，爆炸声震耳欲聋，瓦胡岛地动山摇，硝烟滚滚，火光冲天。港湾内舰艇倾覆，机场上飞机燃烧，街道上房屋倒塌，人们呼天号地……

日军不宣而战，他们承袭中日甲午战争、日俄旅顺口战争的样式，背信弃义地向美军太平洋舰队所在地——珍珠港发动了突然袭击。太平洋战争爆发了！

其实，在太平洋地区，早就酝酿着一场战争。30年代初，日军发动的侵华战争就触及到美国的利益。同时，日本为攫取东南亚的石油资源，深感以珍珠港为基地的美国太平洋舰队已成为日军南进的巨大障碍，认为只有消灭或瘫痪美国太平洋舰队，才能解除南进的后顾之忧。

为此日本海军联合舰队司令山本五十六大将于1941年8月精心炮制了袭击珍珠港的作战计划，决定以320架飞机、6艘航空母舰、两艘巡洋舰和11艘雷击舰组成强大的突击编队，秘密接近夏威夷群岛，到达瓦胡岛以北200海里处，对停泊在珍珠港的美国太平洋舰队进行突然袭击。母舰航空兵主要攻击美军战列舰和航空母舰，部分航空兵负责消灭空中和机场上的美军飞机。按照偷袭计划，突击部队于8月下旬开始在九州的鹿屋、大分、佐伯湾等8个地区秘密训练。训练后期，以集结在佐伯湾的战列舰为目标，连续进行了3次综合演习，以确保行动万无一失。

日本一边磨刀霍霍，一边采取外交和政治手腕麻痹美国，继续与美国进行外交谈判，千方百计给美国领导人制造和平假象。而在暗中，日本人却加紧刺探珍珠港地区的军情，派遣200多名间谍潜入瓦胡岛收集情报；用潜水艇潜入珍珠港附近进行抵近观察；组织军官化装成游客、商人，分赴檀香山，对预定的偷袭航线进行侦察。通过一系列的侦察活动，日军统帅部在战前把瓦胡岛美军的防御设施，飞机、舰船的种类、数量及其停泊位置，美军在平时和节假日的活动规律等，全部查个一清二楚。

11月22日，参战的舰艇云集日本边远的北方港口——单冠湾。其中包括：航空母舰『赤城』号、『加贺』号、『苍龙』号、『飞龙』号、『翔鹤』号和『瑞鹤』号以及战列舰2艘、巡洋舰3艘、驱逐舰9艘、潜艇3艘、油船8艘、舰载飞机400架。机动编队由南云忠一海军中将率领。

1941年12月7日4时，在波涛汹涌的北太平洋上，天空阴云密布，灰暗的海面，一支庞大的舰队在向南急驶。6艘航空母舰排成两路纵队，在它们的四角有两艘高速战列舰和两艘重巡洋舰。此外，还有3艘潜艇组成的先遣巡逻队和由8艘油船组成的补给部队。这就是11月26日6时从单冠湾出发去偷袭珍珠港的日本海军舰队。

12月7日（夏威夷岛时间）拂晓前，南云率领的机动编队到达珍珠港以北大约200海里的海域。行动时间到了。6时整，南云一声令下，第一攻击波183架飞机起飞，扑向珍珠港。

12月7日是星期天。当南云指挥的机动编队扑向夏威夷群岛时，美国总统罗斯福正在华盛顿欣赏他的邮票，罗斯福夫人正在兴致勃勃地举行宴会。夏威夷、檀香山广播电台正在播放轻松的爵士音乐；珍珠港是那样宁静、安闲，有些军官在舰上进餐，有些士兵则刚刚起床；太平洋舰队司令和夏威夷防区司令正在打高尔夫球；近百艘各种战舰整齐地停泊在珍珠港中心的福林岛周围；机场上的飞机井然有序地排列着；防空部队的高射炮旁也只有几个炮手在闲聊。整个基地完全是一片假日的景象。

偷袭珍珠港的机群，经过1小时40分钟的飞行，于7时55分到达珍珠港上空。当时，美空军基地的指挥官，正在家中进早餐，听到飞机声还以为是自己的飞机在演习，便探头朝天看去，看到飞机低飞下来一直折进港口，便生气地跳起来骂道：『这些糊涂家伙，总该知道有严格规定，禁止直转……』话音未落，炸弹像倾盆大雨般地倾泻下来，霎时间，岛上7个机场，港内大部舰船和基地主要军事设施，同遭袭击。仅仅几分钟，数百架飞机几乎全部被击毁，不到一小时，大部分舰船被击沉和炸伤。到处烈火熊熊，浓烟滚滚。

『亚利桑那号』战列舰犹如火山爆发。附近舰上的人目睹它几乎蹦离了水面，裂成两半。只过了9分钟，这艘3.26万吨的巨型军舰的两段舰身就都葬身海底了，只剩下残骸上的熊熊火焰、滚滚黑烟。舰上1500多名官兵很少有生还的。舰列的最后一条军舰『内华达号』左舷中了一枚鱼雷，后甲板中了一颗炸弹，船首下沉了一大截。

各舰上的官兵纷纷纵身跳海，企图游向不远的福特岛，但是水面已漂满了油，有些地方油层厚达6英寸。油着火烧了起来，在水中的人多半葬身火海。

日军突击机群第一波，经过45分钟连续攻击，几乎没有遇到什么抵抗，顺利地完成了突击任务，于8时40分返航。突击机群第二波167架，8时55分开始了第二次突击，猛烈之状，如同前波。成批的炸弹，又覆盖在已被攻击过的目标上。与此同时，偷偷潜入珍珠港的日本袖珍潜艇施放水雷，攻击美舰，并封锁港口，第二攻击波持续到9点30分。

历时2小时的空袭，日机共投射鱼雷50条，投掷炸弹556枚，炸毁炸伤美舰40余艘（其中8艘战列舰全遭毁伤），击毁击落美机232架，毙伤美军3681人。此外，美军码头、机场和船台等设施均遭到严重损坏。而日军在战斗中仅损失袖珍潜艇5艘，飞机29架，亡官兵55人。日军偷袭珍珠港，使美国太平洋舰队元气大伤，日军因此顺利地从海上连续侵占美、英、荷等国在西南太平洋的领地。得势一时的日军，从此骄横跋扈，不可一世。

第二十四计　假道伐虢①

原文

两大之间，敌胁以从，我假以势。困，有言不信②。

按语

假地用兵之举，非巧言可诳。必其势不受一方之胁从，则将受双方之夹击。如此境况之际，敌必迫之以威，我则诳之以不害，利其幸存之心，速得全势。彼将不能自阵，故不战而灭之矣。

如晋侯假道于虞以伐虢。晋来虢，虢公丑奔京师。师还，袭虞灭之。

注释

①假道伐虢：春秋时，晋国想要吞并虞和虢两个小国。这两个国家虽小，却结为联盟，晋国便贿赂虞国国君，拆散了联盟，借道虞国而灭了虢国，返回途中，顺便灭了虞国。后成为典故，指以借路为名而消灭对方。又比喻一箭双雕。②困，有言不信：《易经·困卦》：『困，有言不信。』意思是，人处于困境时，所说的话不会被人相信，也不会轻易相信别人说的话。

译文

处在敌我两个大国之间的小国，当敌方胁迫它屈服时，我方要给与援助，借机扩张我们的势力。按照困卦的原

理，对于弱小的国家，不能凭空话拉拢他们，而要给与一定的实惠，才能取得他们的信任。

（按语）假借别国的领地去打仗，不是靠花言巧语就能欺骗成功的。必须当他们处于这种情况：不是受一方的胁迫，就是将受双方的夹击。这时，敌人必然用武力来逼迫他，我方则用不伤害他来诱骗他，利用他侥幸图存的心理，迅速地控制局势。这样他将不能够自己做主，所以不需要进行战斗就能把他消灭。

例如，春秋时，晋侯向虞国借路去攻打虢国，并把他消灭了，虢国公丑逃奔到周朝的首都洛阳，晋军从虢国撤回，经过虞国时，把虞国也消灭了。

经典事例

假道荆南平藩叛

宋太祖赵匡胤陈桥兵变，黄袍加身后不久，即开始着手进行统一全国的工作。这时，上承五代十国的混乱局面，整个中国被无数大大小小的军阀割据势力分裂着。南方除了南唐、吴越等几个大的敌国外，还有一些独立的不受中央命令的节度使，如荆南、武平等。这些节度使与唐时的藩镇极为类似，长官割据一方，俨然地方土皇帝。节度使死后，或传给儿子，或传给部将，完全不受中央节制。因此消灭这些割据势力也就成了北宋建国初年的一项大任务。

占据今湖北西部、四川东部的荆南高氏，在后周太祖显德年间，曾被周太祖封其主高保融为南平王。高保融迂腐无能，委政于其弟高保勖。宋太祖即位时，高保融去世，高保勖继立。过了两年，保勖又死，保融子高继冲继立。

在高继冲即位的十年前，即周广顺元年（951年），南唐灭楚的时候，南唐中主李璟派大将边镐为开平节度使，镇守湖南。边镐不服人心，有故楚将王逵、周行逢、张文表等，共推辰州刺史刘言为主，称武平留后，发兵叛变，进攻潭州，赶走了边镐。于是南唐所得湖南之地复失。广顺三年，周太祖特拜刘言为武平节度使。不久，刘言被王逵所杀，王逵又被其部将潘叔嗣所杀，诸将拥立周行逢为主，移镇朗州。在周世宗显德三年，周朝正式委任周行逢为武平节度使。周行逢在湖南励精图治，境内一时士民安乐。

宋太祖建隆三年（962年），周行逢去世。周临死时，召见亲信将吏，把他的儿子周保权托付给他们，并说：『衡州刺史张文表，与我一起从贫贱中起事，建立功名。因为没有得到行军司马的官职，心中常怀不满，我死后，他必定会乘机作乱，可以派杨师璠去讨伐他。』说完即撒手归西了。周行逢死后，武平军务由其子周保权统领，而此时的周保权年方十一岁。

张文表听说周保权继立，果然很是愤怒，说：『我和周行逢同起于贫贱，一起建立功名，怎么能够卑躬屈膝去事奉一个乳臭未干的小娃娃呢？』正好这时有一支被周保权派往永州去换防的军队路过衡阳，张文表就夺取了这支部队的指挥权，穿上白色的丧服，好像要到武陵前去奔丧的样子。

叛军路过潭州的时候，行军司马廖简正好任潭州留后。廖简向来看不起张文表，丝毫不作防备。正在饮酒间，有人报告说张文表带兵来了，他还一点也不在乎，大剌剌地对四座宾客说：『张文表不来便罢，来了就会马上变成我的俘虏。』照常饮酒谈笑，不做准备。不一会儿张文表果然率众进来了，廖简来不及拿弓，只好坐在座位上破口大骂，过足了嘴瘾后被张文表一刀杀死。张文表占有了廖的印绶，自称临时留后，向宋朝政府奉表上告。

周保权于是立即命令杨师璠率众讨伐张文表，将父亲的遗言告诉大家，边说边哭，泪流满面，颇为煽情。杨师璠也被感动得热泪盈眶，回头对部众们说：『你们看，小郎君尚未成人便有了如此水平了。』军士们也很激动。

周保权一边调兵遣将，一边向荆南借兵，同时进向朝廷求援。

宋太祖于是派中使赵璲等人携带诏书到潭州晓谕众人，让张文表到京师来赴罪，同时又命令荆南发兵援助周保权。

此时，荆南节度使是刚刚继位的高继冲。宋太祖早就有统一荆南的意图。先前卢怀忠出使荆南的时候，就对他说过：『江陵的人心向背，山川地形，我都想了解清楚些，你可多留心些。』卢怀忠回来汇报说：『高继冲手下士兵不过三万人，虽然五谷丰登，但横征暴敛却使百姓们苦不堪言，要攻取它很容易。』于是太祖召见宰相范质等人说：『荆南已经是一个四分五裂的国家了，如今正好利用武平的事情，向荆南假道出师，顺便就可以攻占它，看来是不会不成功的。』于是将既定的方针交付给李处耘等人。

宋朝发兵，同时令荆南调发三千水军赶赴潭州，帮助平叛，同时向荆南借道。

李处耘到达襄州，先派人对高继冲说明借路的意思，请求为军队供应粮草饮食。高继冲同他的手下商量好对策，

便以黎民百姓害怕为借口，请求让宋军驻扎在百里之外，然后将给养送去。李处耘又派人前往，高继冲手下的孙光宪和梁延嗣都主张答应宋军的要求。而兵马副使李景威劝说高继冲道：『朝廷虽然是从我们这假道收复湖南，但恐怕会乘机袭击我们。请给我三千人马，驻守在荆门要害之处，夜间发动攻击，朝廷军队必然退却，然后回师讨伐张文表，献给朝廷，那样，朝廷必定对我们既敬重又存畏惧，不然的话，恐怕我们就要大祸临头了。』高继冲不听，说：『我高家累世侍奉朝廷，绝不会有这等事的。』孙光宪也说：『李景威只是峡江中的一个草民出身，哪里知道胜败之理。中原自从周世宗时候已有统一天下的志向，宋朝兴起，采取的一切措施，其规模更是宏大深远。如今朝廷发兵讨伐张文表，犹如大山压卵，其势不可挡，湖湘平定之后，哪里还有再借路回去的道理呢？依我看，不如早早将疆土奉上，这样，湖湘百姓可以免受刀兵之苦，而您也可以保有富贵。』高继冲认为孙说得不错。李景威见状，说：『大事去矣，还活着做什么呢？』自己掐住脖子闭气而死。

高继冲于是派梁延嗣和他的叔父高保寅送上牛酒，犒劳宋师，借机观察宋军的动向。李处耘以超出常规的礼节接待他们，两人喜出望外，派人向高继冲报告一切平安。

宋军所驻的荆门距离江陵有一百余里。这天晚上，宋将慕容延钊招待延嗣等人宴饮，而李处耘则秘密派遣轻骑兵数千人兼程前进。高继冲正在等着高保寅和梁延嗣回来，突然听说宋军来到，马上惶恐不安地出城迎接，在江陵城北十五里的地方遇到宋师，亲自将宋兵引入城中。宋朝的军队占领了重要路口，高继冲甚是害怕，将三州十七县

十万二千三百万户的户口簿子呈献上来，投降了宋朝。

而此时，在武平杨师璠进军讨伐张文表已经取得了决定性胜利。当初，张文表听说宋朝军队前来讨伐，暗中派人向宋朝特使赵璲表示忠诚，陈说到朗州奔丧，被廖简所鄙薄，因而当即展开私人格斗，实在没有反叛的意思。赵璲认为自己奉持诏书晓谕张文表，得到他的归顺，非常高兴，立即派人安抚他。经过潭州城外的战斗，杨师璠大败张文表，取得胜利，活捉了张文表。杨军进入潭州后，放火大肆抢掠，赵璲也紧接着入城。第二天，赵璲在军府大厅宴请将领官吏。指挥使高超对他的部众说：『看朝廷使者的意思，必定让张文表活着离开，倘若张文表到了京城后，谗言加害朗州，我们就没命了。』于是，就在街上将张文表斩了。到宴会结束后，赵璲召见张文表，高超说：『张文表阴谋作乱，末将已将他斩首了。』赵璲叹息良久，亦毫无办法。

要处耘收录荆南后，增兵赶奔朗州。周保权很是恐惧，召见观念察判官李观象商量对策，李观象说：『张文表已被诛杀，可是朝廷并不班师，必然要全部收取湖湘之地而后已。如今，荆南高氏已经束手听命，北面的屏障已经失去，所谓唇已亡，齿难独存，朗州势难保全了，我看不如归顺朝廷，还可以保有富贵。』周何权想听从他，可是张崇富等人都不同意，于是共同筹划防御之策。

宋太祖派人告谕周保权及其部将说：『朝廷的大军替你们解脱了危难，为什么你们反而要抗拒大军，自取灭亡，而且不顾湖湘的生灵将被涂炭呢？』周保权不做理睬，于是宋朝大军进军讨伐，克服了岳州、朗州之地，活捉了周保权。湖湘之地尽平，共得十州、一监、六州、十六县、九万七千二百八十八万户。

施手段以隐求仕

士人的隐，是中国传统文化中一个独特的文化现象，从上古的巢父、许由开始，到封建社会的末期，历朝历代，都有一些读书人摒弃了世俗生活中的一切，官禄爵位，甚至妻子家庭，结茅于山林之中，养志于林泉之下，过着一种半是神仙半是苦行僧的生活。

士人之隐，不外两种原因，一种是主动的隐，视世俗为羁绊，为追求纯粹的个性的解放和心灵的自由，挣脱开名缰利索，避居山林之中。远如庄周，近如晋之孙登，可说是此一类的代表。一种是被动的隐，如孔子所说：『邦有道则仕，邦无道则隐。』虽然有着安邦治国、匡扶天下的宏伟抱负，但是偏偏治世少，乱世多，不但志不得申，甚至一不小心还会惹来杀身之祸，徒受其辱，反不如结茅林下，耳根清净的为好。历史上的隐士们大多属于这种类型。

按说隐士们既然已经挣脱了名缰利索，与世无争，机心全无，不该再与什么兵法计谋之类有什么瓜葛了。怎么还会与『假途伐虢』挂上钩呢？对于那些主动的隐士来说，其已绝意世俗，宛若神仙了，兵法权谋之类的东西是与他们沾不上边了；但是对于那些被动型的隐士们来说，情况就不完全相同了。

历代帝王，只要稍微有一点脑筋，还不至于愚蠢到白痴的地步，能够读两句书，就对孔夫子的那句名言还能明白一二。他们可不想让山林中挤满了隐士们，从而显得自己政治的无道，杀伐并不是最好的办法，虽然也有不少皇帝用

过这种手段，更好的方法莫若礼请他们出山，这样便可向世人宣示自己的贤明，使得隐士们都出山了。即或有一两个不识相的死不肯出来，那就越发要对其礼遇隆重些，你给他们的招待越高级，就越显得你自己更高尚。看哪，这个君王是多么的伟大，多么虚怀若谷。隐者与帝王各得所需皆大欢喜。

有了君王的礼遇，隐居对于某些人来说，更成了一种养名的手段，你越是固辞不出，越显得你人格的高尚，就越能得到好名声，将来出山就能得到越发好的待遇。于是慢慢地隐居失去了它本意，变成一种沽名钓誉的手段了。以隐求仕，山中三月，胜过寒窗十年。

对于这些以隐养名，以隐求仕的先生们来说，隐居恰如兵法上的『假途伐虢』之计。隐如虞国，仕如虢国，借隐居这条路来得到出仕的机会，从而获得高官厚禄，最后，名与利双收，正如晋人虞与虢兼得一般。当然，因为各人操作手段的高下不同，最终结果也不尽相同：功成名就者有之，不得其门者亦有之；同时因为各人的作为不同，受人钦羡者有之，遭人讥笑者亦有之。各拈数例，以见隐者一斑。

谢安是六朝谢氏家族中的一个风流人物，『在他的一生中，隐逸与仕宦大致各有二十年的光景。他隐就隐得潇洒，仕就仕得显赫；隐时的风流名士，仕时是风流宰相，可谓一生风流；隐时并未忘情天下，仕时也未忘情山水。他既追求个人的精神自由，又不推却应尽的责任，在国家危难之秋挺身而出，同时，又在履行社会责任时仍尽量满足个人精神自由。』某位学者的这番话虽然有些过誉，但也大致概括出了谢安隐而复仕，仕而显赫的一生。的确，谢安之风流在于他为士人树立了一个魏阙与山林相结合的理想人格，正如天才浪漫的大诗人李白咏：『但用东山谢安石，为君谈笑靖胡沙。』

谢安少时就有重名，才四五岁的时候，便有人见而惊叹：『此儿风神秀彻，后当不减东海。』王东海即当时的清谈领袖人物王蒙。果然，谢安十八九岁时便已成为善谈玄理的名士了。王蒙在一次与谢安清谈后，对其大为赞赏，说他『颇有逼人之势。』

对于跻身名士的谢安来说，求官职同拾取草芥一样容易，名士头衔无异于进入朝廷的一张优待门票，况且，王谢名门子弟进入仕途也是十分容易的。然而，谢安此时却只想逍遥于清谈胜场，迟迟不肯踏入仕途。二十来岁的时候，司徒府要辟他为掾属，拜为著作郎，他称病推辞了。后来，索性归隐故居会稽，与当时名士王羲之、许询、沙门支遁等人『出则渔弋山水，入则言咏属文』，似乎没有入世的意思了。当时的扬州刺史庾冰听说谢安的重名，多次赴会稽敦请他出山。庾冰在当时以皇亲国戚的身份主持朝政，权倾内外，是个炙手可热的人物，谢安无奈，只得赴任。在任上敷衍了数月，就找了个借口辞职返回东山了。

正像我们上面说的，谢安越是不肯出山，名气就越大，而朝廷就越是不肯放过他。于是，尚书郎、琅琊王友、吏部郎，一项项清要显赫的乌纱帽不断向他飞来，谢安还不动声色，拒不受聘。后来这游戏玩得有些过了，朝廷一着恼，好嘛，你不是要隐吗，我就让你隐个痛快，宣布对谢安禁锢终身。于是，谢安更得专情于山林之中了，东山之

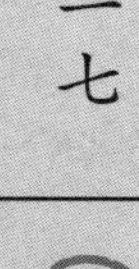

中，有酒，有琴，有友，有妓，比起饿死首阳山的伯夷、叔齐来，谢安的隐居生活可说是太潇洒了。

而谢安的隐居则给他带来了更大的名声。谢安的弟弟谢万当时任西中郎将，总藩作之重，但是名声还不如谢安大。有这样一个故事，谢安有一同乡在南方做官，后被免官，回来时身边只带有五万把卖不出去的蒲葵扇。谢安有意帮忙，便随手抽取一把，与人清谈时总是执在手上，于是京师士庶竞相购买，五万把扇子不几天便销售一空，也算是用了一次『假道伐虢』之计进行了一次商业促销活动吧。

士林之中爱慕谢安的风流，颇有如今追星族们的热忱与痴迷。谢安祖籍是今天的河南一带，南渡以后，家族中人仍然保持着那一口河南腔，加以谢安有轻微的鼻炎，语音越发重浊。他用这种声音作『洛下书生咏』，引得众人纷纷效颦。可是众人并不是个个都有鼻炎，怎么学也不十分像，竟有聪明人用手捏了鼻子以达到那种迷人的效果。

但是谢安并不是真心想这么长久地隐下去，隐对他来说是一种养望的手段，是为以后出山作一种铺垫。他的心思还是时时在朝堂之上的。有一次，谢安与子侄们品诗论文，说到《诗经》，谢安问：『你们觉得《诗经》中哪一句写得最好呢？』谢玄答道：『昔我往矣，杨柳依依；今我来思，雨雪霏霏。』这是一句千古佳句。而谢安却说：『我更喜爱那句「于谟定命，远猷辰告」，此句偏有雅人深致。』这句诗意思是说：宏图已定，布告四方。从这么一句话的诗句中谢安体会到的深致恐怕是建功立业，功成名就时的深致吧。

谢安隐够了，终于是要出山的。他的夫人眼看着别人都纷纷显赫了起来，而自己的丈夫还是一个布衣，便顾不得

名门闺秀的矜持，说：『大丈夫难道不应当如此吗？』谢安揉揉鼻子说：『恐怕不得不如此了。』于是谢安终于要出山了。

谢安的出山也是有些迫不得已，当时谢家的重要人物相继退出政治圈子。堂弟谢尚三年前病死，兄长谢奕两年前卒于官，弟弟谢万一年前兵败被废，而子侄辈都还年幼。在此情形下，如果谢安再不出山，谢家在东晋王朝中的地位就要衰落了。于是，他顾不得选择官位的大小高低，桓温只是给他一个司马官，他便接受了。而此时，谢安已四十一岁了。

谢安的始隐终仕，难免要受到一些人的讥笑。一次在桓温的酒席宴上，有人送给桓温一种名叫『远志』的草药，此草又名『小草』。桓温奇怪地问，为什么一种东西会有如此不同的两个名字呢？这时参军郝隆眼瞅着谢安说：『处则为远志，出则为小草。』众人全都会心地大笑起来。

但是，谢安总算还不是一棵真正的小草，十几年后，他登上了首相之位，他主持的淝水之战，战胜了前秦的大军，保全了东晋王朝的偏安局面，也为自己赢得了好名声。可以说，谢安是运用隐、仕两种手段较成功的一位。

另一位成功者是唐代的李泌。李泌身历唐玄宗、肃宗、代宗、德宗四朝，隐时则遁迹山林，学道练功，宛然神仙模样，仕时则拯危救难，力挽狂澜，真正宰相人才。

《旧唐书·李泌传》说李泌『少聪敏，博涉经史，精究易象，善属文，尤工于诗，以王佐自负』。隐约可以看出

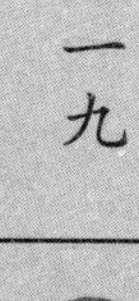

以后仕与隐的两种经历。他少年时就有『神童』之称，七岁时被唐玄宗召入宫中面试，以一首脱口而出的咏棋诗而受到唐玄宗的器重。

但是，有如此际遇的李泌并没有像孔子所说的那样『邦有道则仕，无道则隐』，恰恰相反，他在此时因『操尚不羁，耻随常格仕进』，并没有应试科举，而是独自一人离开长安，云游学道去了。

李泌一去就是十五六年，但是他并非完全摒弃了尘世。天宝年间，大唐帝国渐渐露出了衰象，李泌从嵩山上书陈述时局的危机和自己的看法。玄宗没有忘记这个当年受他褒奖的神童，于是立即召见，令他待诏翰林院，供职太子东宫。后来，李沁因杨国忠的谗言而愤然离朝，继续隐居去了。

安史之乱，玄宗奔蜀，肃宗继位，正是国家危难之机，李泌又主动出山以力挽狂澜。肃宗对李泌可说是言听计从。卧则对榻，行则同车。一时四方文状，将相迁除，皆与泌参议，权逾宰相。

但李泌终究是个很聪明的人，他不愿意让自己被官爵的金笼头羁绊起来，从而失却了自己的天性，于是他自称『山人』，对于送上门来在别人眼里荣耀无比的官位固辞不受。无奈，肃宗只得授他以散职，而总揽朝政。

李泌屡献奇计，对于安定局势可以说是劳苦功高。然而他时刻不忘自己的山人本色，对于肃宗的屡屡重赏，丝毫不受，说山野之人用不着这些身外之物。肃宗越发感动，以至于说只要先生开口，朕将倾朕所有，尽你选择。李泌只是一笑说，如果能够为陛下收复两京，功成之日，只求借陛下大腿为枕酣眠一回。不久，唐军击退叛乱大军，危机解除，李泌心情得以放松，终于能够沉沉睡去。这时，肃宗恰恰来到，他阻止了侍从，不许他叫醒沉睡的李泌，然后登榻坐下，将李泌的头抱起来，轻轻地搁在自己的腿上，实现了李泌当初的要求。

随着大军的节节胜利，李泌意识到自己是应该离去了，于是他乞游衡山，继续自己的隐逸生活。唐肃宗也来了个顺水推舟，挽留了一阵子后，也就应允了。《资治通鉴》记载了君臣之间的这段对话：

泌曰：『臣今报德足矣，复为闲人，何乐如之？』

上曰：『朕与先生累年同忧患，今方相同娱乐，奈何遽欲去乎？』

泌曰：『臣有五不可留，愿陛下听臣去，免臣于死。』

上曰：『何谓也？』

泌曰：『臣遇陛下太早，陛下任臣太重，宠臣太深，臣功太高，迹太奇，此其所以不可留也。』

李泌不愧是一个学过道的人，他深深地了解功高震主和高处不胜寒的道理，于是轻轻地挥一挥手，很洒脱地离开了。

但是，李泌终于也有洒脱不起来的时候，代宗继位后，又被征召入宫，这回代宗也想把宰相的职位送给他，被李泌又一次固辞了。他还是像肃宗时一样，全不顾君臣礼数，时常便服上朝。对于他的不羁，代宗想到了一个好的办法。大历三年，端午节，王公贵族、公主大臣们都纷纷向代宗献上各种珍奇玩物以为节礼。惟独李泌一无所献，还是

一身便装来了。代宗便向李泌索要礼物了，问他为何一无所献。李泌答道，臣的一身衣食皆陛下所赐，剩下的就是一个身体了，拿什么奉献呢？代宗偏偏等的就是这话，便说我所需要的就是这个呀。李泌急得连忙申辩，无奈已是中了人家圈套，代宗便说，先生既然已经自献己身，便要听我来安排了。于是令绝粒二十年的李泌必须饮酒食肉，又为他娶了一名门之后，之后再授以官爵，不怕他不接受了。

既被系上名缰利索，李泌便免不了受些官场浮沉的罪了。数度遭人猜忌，被贬出京，再也潇洒不起来了。

终于代宗去世，德宗继位，这位德宗皇帝把朝政搞得一团糟，于是又想起了被贬在外的李泌，李泌重又被召回朝，受到重用，安定了时局。被德宗任命为宰相，完成了他匡扶天下的志愿，也受到了后世的称赞。

刘德妃『借』子立后

景德四年，真宗皇后郭氏病逝，皇后位子成了空缺，立谁为后成了当时朝廷的一件大事。

在无数妃嫔中，真宗最宠爱的要算刘德妃了。这位刘德妃生得小巧玲珑，纤腰秀眉，颇有些像汉代赵飞燕的模样。郭皇后一死，刘德妃表面上很悲伤，但心里却乐开了花。暗想：『该死的郭皇后死了，眼下皇后位置有了空缺，这是个求之不得的好机会。这个空缺，怎么也不能让别人先占了，我一定要想出办法，让皇上把我封为皇后，享一世的荣华富贵。』

于是，刘德妃使出浑身解数，百般讨好真宗。每见到真宗，便娇语千转，媚态频生，似乎饶有万种风情，也难尽其芳容丽质，也难显其一片爱心。

刘德妃对后宫的情形非常明白，眼下皇上年过四十，膝下无子，皇上也为后继无人时时叹息发愁。原来，郭皇后连生三子，长子赵禔，次子赵祐，三子赵祇，都早早地夭亡了。杨妃百般祈祷，好不容易生了一子，也夭折了。皇上望子心切，又选纳了前朝宰相沈伦的孙女为才人，可是沈氏也没有生子。

如今皇上没有后嗣。如果比门第，刘德妃显然不是对手，杨妃的祖辈，也曾有过通达显赫的时候。杨妃的叔父杨知信还在本朝任天武军副指挥使，门第也算凑合。沈才人，虽是后进宫的，但祖父是前朝宰相，父亲曾任光禄卿，门第显赫。而刘德妃呢，出身低下，是随着一个叫龚美的蜀地人，流落到京城，仗着自己的美貌和心机结识了皇上。因此，在门第上是无法与对手匹敌的，要成为后宫之主，当务之急，就是替皇上生个龙子，只有如此，才可扬长避短，击败对手。

刘德妃仍像平时那样表面上谦恳，但心里却巴不得为皇上生一子，以此取得后位。无奈肚皮不争气，熊罴难梦，祈祷也不灵，眼看着时光一天天过去，可肚皮一点也不见动静，朝廷已开始议论册封皇后之事。

『这可怎么办？莫非是自己真的不行？』刘德妃心里十分焦急，如果自己生不出皇子，那肯定当不成皇后。

情急之下，刘德妃想出了一着妙计。她找来了自己的侍女李氏，悄悄地作了吩咐。

当天晚上，侍奉皇上就寝的不是刘德妃，而是李侍儿，而刘德妃却甘愿叠被铺床，抱衾送枕。

也是真宗皇帝命该有子，李侍儿侍他就寝的当晚，春风一度，暗结珠胎。过了不久，李侍儿果真生了一个男孩，真宗替他取名为受益，李侍儿因此被封为才人。

刘德妃把受益看作自己的儿子，严加保护精心培养。他一面嘱咐心腹，只说皇嗣为自己所生，不得把真相泄露，一面请求真宗立她为皇后。真宗本来就宠爱她，所以对她把受益作为自己的儿子也满不在意，并决定立她为后。

当真宗把立刘德妃为皇后一事告知大臣们时，参加政事赵仁安近身叩首道：『陛下您想要立继后，不如立沈才人，沈才人出自相门，乃众望所归。』

真宗生气地说：『皇后不可以按门庭高低而立，况且刘德妃是太子生母，立为皇后，当之无愧。』

众大臣仔细一想，皇上就只有这么一个儿子，不立生母为后，还能立谁呢？因此，也就不再奏谏了。

刘德妃在自己无法生孩子的情况下，运用『借鸡下蛋』之法，借用李侍儿，生下了『自己的儿子』。儿为太子，母为皇后，她终于如愿以偿了。

第二十五计 偷梁换柱①

原文

频更其阵，抽其劲旅，待其自败，而后乘之。曳其轮也②。

按语

阵有纵横，天衡为梁，地轴为柱③，梁柱以精兵为之。故观其阵，则知其精兵之所在。共战他敌时，频更其阵。暗中抽换其精兵，或竟代其为梁柱。势成阵塌，遂兼其兵。并此敌以击他敌之首策也。

注释

①偷梁换柱：比喻暗中玩弄手段，以假乱真。梁，柱，原本是盖房时起支撑和连接椽子的重要结构。即大梁和柱子。②曳其轮：《易经·既济卦》：『初九，曳其轮，无咎。』意思是：初九爻象征拖着车轮过河，以防失控，不会出错。③天衡，地轴：均为古代战阵名称。天衡首尾相连，地轴贯穿中央。

译文

频繁地变动他们的阵容，抽换他们的主力，等他们自己走向失败，然后乘机控制他们。这就如同过河的车子，拖住了它的轮子，也就不会出差错。

（按语）战阵有纵向横向，按东西南北的方位布设。『天衡』作阵的大梁，地轴作阵的柱子。梁和柱的位置，都

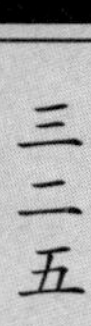

是由精兵控制。因此，察看他军的阵容，就知道他军的精锐在哪里。当与他军共同对敌作战时，设法多次变动他军的阵容，暗中更换他的精锐部队，或者派自己的精锐部队去代替他作梁柱。这样势必使他军阵地倒塌，于是就能吞并他的军队。这是吞并这股敌人再去攻击他股敌人的一个首要的策略。

庄公设计并三军

周桓王三年（公元前715年），郑庄公假托周天子之命，纠合齐、鲁两国兵马前往攻打宋国。宋殇公听说郑、齐、鲁三国兵马入境，大惊失色，急忙召见司马孔父嘉问计。孔父嘉奏道：我已派人打听清楚，周天子并无讨伐宋国之命，齐、鲁两国是受郑庄公的欺骗才出兵的。现在三国合兵而来，其锋甚锐，不可与它正面争战，惟有一计，方可使郑军不战而退。殇公说：郑国明知今日攻宋，有利可得，怎会轻易退兵呢？孔父嘉说：郑庄公亲自出马，领兵攻打宋国，其国内防守必然空虚，因此，只要我们以重金收买卫国，要卫国联合蔡国，以轻兵袭击郑国本土，威胁郑都荥阳，这样，郑庄公就自然会退兵回援了；而郑兵一退，便群龙无主，齐、鲁两国兵马也不会再留下为郑国卖命了。宋殇公听从了孔父嘉的献策，并立即要他挑选二百辆兵车，带上黄金、白璧、绸缎，连夜赶往卫国，请求卫国联合蔡国出兵袭击郑国。卫宣公接受了宋国的礼物，果真派右宰丑领兵与孔父嘉会合，经由间道，其不意，直逼郑都荥阳城下，郑世子忽和大夫祭足急忙传令守城。这时，宋、卫的兵马已在郑都城外大肆抢掠，掳去了大量人畜辎重；接着，

右宰丑便要趁势攻城。孔父嘉说：我们袭击荥阳得手，只是乘其不备，应该得利便止；如果继续留下攻城，万一郑庄公回兵救援，将会对我形成内外夹攻之势，那是很危险的；不如就此借道戴国，胜利回师；我估计当我军离开这里时，郑庄公的兵马也该从宋国撤退了。于是，按照孔父嘉的布置，宋、卫两国兵马向戴国进发，想从戴国假道。却不料，戴国国君以为宋、卫兵马是来攻打戴国的，便关上城门死守。孔父嘉大怒之下，多次攻城，但总也攻不下来。

却说郑庄公领兵攻打宋国，本来是很顺利的。郑军大将颖考叔已攻破郜城，公孙阏已攻破防城，分别向郑庄公大营告捷。怎料到正想乘胜挺进之时，忽然接到世子忽从国内送来的告急文书，说是宋、卫两国兵马正进逼郑都。这时，庄公表面上不动声色，只教传令班师。当大军回至半路时，又接到国内送来军报，说是宋、卫军马已撤离荥阳城外，向戴国方向去了。庄公听到这一情报后，想了一下，便传令颖考叔、高渠弥、公孙阏、公子吕等四将，将兵马分为四队，偃息旗鼓，转道向戴国进发。

再说孔父嘉、右宰丑率领宋、卫联军进攻戴国，又得到蔡国领兵相助，满以为一举成功，却忽然接到探马来报说，郑国上将公子吕领兵救戴，已在离城五十里处下寨。接着，又听说戴君得知郑兵来救，已经打开城门将郑军接进城内去了。这时，孔父嘉便对右宰丑说：现在戴国有了帮手，他们必定会合兵向我军求战，你我何不站在壁垒之上，观察城内动静，也好有所准备。于是孔、丑二将便一起登上壁垒，仔细观察城内情形，对着城内指手划脚。正在说话

间，忽听一声连珠炮响，城上一时竟遍插郑军旗号，郑将公子吕全身披挂，站在城楼上，大声叫道：多多感谢二位将军费力，我们已经取得戴城了。原来这是郑庄公设的『偷梁换柱』计：假说是要公子吕领兵救戴，其实庄公就坐在戎车之中，只等进了城，便就势并了戴国之军，把戴君给赶走了。孔父嘉在城外见庄公不费吹灰之力便占了戴城，一时气愤填胸，决心要与庄公决一死战。当他正在心中筹划之时，忽报：城中派人来下战书。孔父嘉当即批复来日决战，并约会卫、蔡两国，将三路军马，齐退后二十里，以防自相冲突；由孔父嘉领军居中，蔡、卫军分列左右，三支军队相距不过三里。如此布署之后，各军遵令行动。刚把寨营安好，忽听寨后一声炮响，火光接天，都说是郑兵到了，孔父嘉认为这是庄公使的疑兵计，命令全军不许动乱！不一会儿，左边火光又起了，而且喊声震天，探马来报，说是左营蔡军被劫。孔父嘉叫继续挥军向左，慌忙间迷失了方向，遇上一队兵马便互相厮杀起来，结果发现竟是卫国的人马，于是两军合在一起，赶回中营，谁知中营却已被郑将高渠弥占了，且左有公孙阏，右有颖考叔领兵杀到，一直杀到天亮，孔父嘉无心恋战，夺路而走，遇上高渠弥，又杀了一阵，孔父嘉弃车徒步，跟随的只有二十余人，右宰丑阵亡，余下的三国兵马辎重，全被郑军俘获，就这样，郑庄公用『偷梁换柱』计既得了戴城，又兼了宋、卫、蔡三国之师。

智伯骄愚三家灭

春秋末期，晋国有掌管大权的『六卿』，即范氏、中行氏、智氏、赵氏、韩氏、魏氏。晋出公十七年（公元前

458年），智瑶为政，称智伯，与赵、韩、魏共分争权败逃的范氏、中行氏的封地。出公欲伐四卿，兵败身死，智伯立昭公曾孙骄为晋君，是为敬公。智伯操政令大权，拥有土地最多，因而『四卿』中以智伯势力最强，他怀着消灭韩、赵、魏，取代晋君的打算。公元前403年，智伯为了逐步消灭韩、赵、魏，便依照亲信疵之计，以晋敬公将出兵伐越为借口，令他们各献出自己的部分领地，如有不允，将诈称晋侯之令，出师有名，灭之在理。韩康子、魏恒子，虽想抗拒，但权衡利弊，只好割地给智伯。

智伯得韩、魏地后更加骄纵，又向赵襄子要地。赵本与智伯有隙，坚决不给。智伯愤怒之极，立即率韩、魏、智三家兵马攻赵。赵襄子自知不敌，便出走至晋阳（今山西太原东南），晋阳是其父赵鞅辖地，赵鞅派尹铎（赵氏家臣）治理晋阳，对百姓宽大，百姓对赵氏较为亲附。

晋阳占地利、人和，智伯虽率三家大军围攻仍不能下，又引水灌城。水距城墙顶仅五六尺，城内也灌进不少水，但全城仍没有一人动摇逃跑，连妇孺老幼都同赵襄子一起，坚守城池。

智伯亲自坐车巡视水情，魏恒子居中，给他驾车，韩康子立于车右。智伯放眼四顾，只见水势浩大，晋阳城变成了一个孤岛。于是智伯趾高气扬地对两人说：『我今天才知道水能使人灭国！』魏恒子忙用手肘轻轻地碰了一下韩康子，韩原子也用脚踩了一下魏恒子的脚背，彼此心照不宣。因为他们想到汾水可以灌魏都安邑（今山西夏县西北），绛水也可以灌韩都平阳（今山西临汾西南）。

谋士疵对智伯说：『韩、魏一定反叛。』智伯问：『何以见得？』疵说：『我是根据人情事理推断出来的，你胁迫韩、魏出兵前来攻赵，赵灭之后，灾难就该降临到他们头上了。这次，您和他们约定打败赵襄子之后，三家平分赵氏的领地。如今晋阳城只差五六尺就整个给淹没了，城内粮食断绝，战马被宰食，城陷赵亡，指日可待。眼见三家即将瓜分赵氏的领地，而他们两人不但没有稍露欣喜的样子，反而颇为忧愁，难道这不能说明他们意欲反叛吧？』

次日，智伯将疵这番话告诉韩康子与魏恒子，二人心里吃惊不小，但是在表面上故作镇静，很从容地回答智伯说：『这是为赵氏游说之辞，望智伯切勿听信此类谗言，以免徒增怀疑，松懈我们的攻城斗志。难道我们两家就不知道赵国即将攻下，我们即将分得赵地吗？我们怎么去干那种既危险、又无成功把握的蠢事呢？』智伯听他二人这样一说，也就不在意了。韩、魏二人走了之后，疵又来见智伯，说：『主上怎可将我的话告诉他们二人呢？』智伯颇为惊奇，便问：『你从何而知？』疵回答说：『我一进来，碰见他们，两人同时恶狠狠地拿眼瞪我，匆匆离去。故我推测，主上已将我的话告诉他们了。』智伯仍不醒悟。疵见智伯既贪且愚，还非常骄横，今后难免有杀身灭族之祸，便借故请求出使到齐国去了。

晋阳城内被围困的赵襄子，眼见水势日益高涨，城危在旦夕，召谋士张孟谈进帐共商对策。张孟谈说：『对解救晋阳之危，臣已思索良久。今智氏联韩、魏攻赵，灭赵后必以同样手段灭韩、魏。臣知韩、魏并不甘心受智氏驱使。依臣之见，可以用「偷梁换柱」之计解晋阳之危。臣愿只身前往劝说韩、魏，与我们联合对付智伯。』赵襄子大喜，说：『赵氏宗族得以保存，全仰赖卿之帮助。』于是即派张孟谈潜出晋阳，秘密会见韩康子、魏桓子，说：『赵、韩、魏三国唇齿相依，唇亡则齿寒。今智伯统率你们两家攻赵，倘赵灭，韩、魏也会跟着灭亡，不如韩、赵、魏三家联盟伐智。』韩康子和魏桓子二人也坦然地说：『我们都知这个道理。只怕智伯防范严密，事未做到，我们的密谋泄露了。』张孟谈又说：『此计出自我们三人，别人谁也不知，只要我们守口如瓶，还怕什么？』经张孟谈反复劝说，他们终于同意订盟，约定日期，届时赵、韩、魏三家各率人马共击智军。订盟后，张孟谈悄然回到晋阳城内，向赵襄子复命。

等到约定之日，赵襄子派人连夜摸上水堤，杀掉守兵。将水堤挖决，将晋水灌入智伯军营。智军措手不及，顿时全军大乱，韩、魏两军从左右两翼掩杀过来，赵襄子也率军由城内杀出从正面加以攻击，智伯的军队被杀得大败而逃，多数人被晋水吞没，智伯也被杀死。由于智伯骄纵轻敌，中了『偷梁换柱』之计，在韩、赵、魏三卿盟军的攻击下，全军覆没，智氏宗族也全部被消灭。

假乱真蒙混过关

伍员，春秋时楚国人，字子胥，后世提到他，一般都称呼他的字，即伍子胥。伍氏乃楚国世家望族，伍子胥的父亲名叫伍奢，是楚平王太子建的太傅；伍子胥的兄长名叫伍尚，为棠邑大夫。楚平王七年（公元前522年），楚平王夺去太子建所宠爱的秦女占为己有，并废太子，太子建逃往宋国。太子太傅伍奢进言劝谏，楚平王大怒，将伍奢及其长子伍尚杀害。

原来，楚平王听信奸臣太子少傅费无忌谗言，想把伍奢父子三人一起杀掉。但伍子胥为人机智刚勇，楚平王派人来逮捕他，他贯弓执矢，怒向校尉，校尉不敢进前，他乘势逃走，决心待机为父兄报仇雪耻。

伍子胥得知太子建在宋国，便前往跟从他。两人又由宋逃到郑，由郑逃到晋。太子建与晋顷公合谋妄图灭郑，事情败露，太子建被杀。伍子胥带着太子建的遗孤公子胜向吴国逃奔。

二人昼伏夜行，来至楚、吴交界地面的昭关（今安徽省含山县西北）。昭关地势险要，可谓一夫当关，万人莫开。为捉拿伍子胥，楚平王派大将在此镇守，悬挂着伍子胥画像，严格盘查过往人等。伍子胥二人来至昭关附近，遇上隐居此地的神医扁鹊的徒弟东皋公。东皋公侠肝义胆，嫉恶扬善，在昭关曾见过伍子胥的画像，因此认出眼前的逃难者便是伍子胥，对他很是同情。他告诉伍子胥说，关上检查甚严，你这样过关，等于自投罗网。因此将他们请到自己家中，并表示一定想方设法帮他出关。

伍子胥在东皋公家住了几天，东皋公还没把出关的计谋策划出来，只是每日美食款待。伍子胥见出关无望，心急如焚。这天夜里，他忧心忡忡，焦躁不安，辗转反侧，难以成眠。由于极度地忧愁和悲伤，一夜之间，正当壮年的伍子胥的满头乌发全变成了白发，像换成了另外一个人。第二天清晨，东皋公见状，又惊又喜，祝贺伍子胥命运有了转机。他对伍子胥说，你的相貌改变了，检查的人很难认出来，我现在有了保你蒙混过关的好办法。

东皋公有一位好朋友叫皇甫纳，长得与伍子胥相像。东皋公将皇甫纳请来，给他穿上伍子胥的衣服，装扮成伍子胥的样子；同时将伍子胥装扮成仆人的样子，又用药汤给他洗脸，改变了皮肤的颜色。乔装打扮之后，一行人黎明时分行至关前。正如所料，守关军兵把皇甫纳误认为伍子胥，抓了起来。守关将士们听说抓到了伍子胥，喜出望外，争相观看，便忽视了对其他行人的盘查。于是伍子胥和公子胜乘着守军丧失警惕和秩序混乱之机，夹杂在行人之中，混出关去，逃出虎口。

伍子胥入吴后，辅佐阖闾夺取王位，整军修武，国势日强。不久，带兵攻破楚国，因军功，封于申。因此又称申胥。

过关入关，是伍子胥一生事业的重要转折点。而东皋公之所以能够使伍子胥渡过『水泄不通，鸟飞不过』的难关，靠的就是『偷梁换柱』之计，即用皇甫纳做替身，偷换伍子胥这棵『梁柱』，以假乱真，渡过难关。

计谋的运用，并非全然随心所欲，它也要受客观条件的制约。东皋公之所以高明，在于他在实施『偷梁换柱』之计的过程中，既及时地捕捉和利用有利的客观条件（如伍子胥头发的变白和皇甫纳与伍子胥的相像），又积极发挥主观能动性，人为地制造假相（如改变二人的装束等），终于骗过敌人，赢得胜利。

第二十六计　指桑骂槐①

原文

大凌小者，警以诱之。刚中而应，行险而顺②。

按语

率数未服者以对敌，若策之不行，而利诱之，又反启其疑。于是故为自误，责他人之失，以暗警之。警之者，反诱之也，此盖以刚险驱之也。或曰：此遣将之法也。

注释

①指桑骂槐：指着桑树骂槐树。比喻明指这一人而实际上是指另一人。运用在战争中，即杀一儆百，杀鸡给猴看的意思，目的是为了引起其他人的重视。②刚中而应，行险而顺：《易经·师卦》：『彖曰：刚中而应，行险而顺。』意思是：刚正而不偏激，则能得到人们的信服，诚心响应，冒险行事，果断勇敢，也能使人听从。

译文

强大的欺凌弱小的，要先采用威胁的手段警告他，诱导他顺服。根据师卦来看，刚强而不偏激，可以得到信服；果断而勇敢，可以使人顺从。

（按语）率领几支没有信服我的部队去对敌作战，如果指挥他们不灵，你却用利益去引诱他，反而会引起怀疑。

这时，你可以故意制造错误，借此来责备他人的过失，暗中警告他们。所谓警告，就是从反面来诱导他们，这是用刚强果敢的手段来驱使他们的办法。有人说：这是调兵遣将的好办法。

经典事例

太公杀士儆效尤

姜太公辅佐周武王灭了商纣以后，西周王朝建立。这时为了巩固社会秩序，安定人民生活，就需要招纳大批有用人才来为国家效力。当时在齐国有一位贤人，名叫狂矞，在地方上很有名望，极为人们所推重。姜太公听说后，就打算把他请出来为国出力。可是他接连上门拜访了他三次，每次都吃闭门羹。于是姜太公就把他抓来杀掉了。周武王的弟弟周公旦是一个当时著名的政治家，可连他也不明白这是怎么回事，姜太公为什么要这样做。于是他就去问姜太公说，他认为狂矞是一位贤人，不追求什么富贵显达，而是过着隐居生活，他并不妨害社稷，这样的人为什么要杀掉呢？可是姜太公对他说：『普天之下，莫非王土，率土之滨，莫非王臣。』并且告诉他天下大定之日，就是需要人才为国出力之时，在此时采取不合作的态度，像狂矞那样，如果人人都学他的榜样，我们还怎么治理国家呢？他说，所以杀掉狂矞，目的就是『以儆效尤』。这样一来，许多自命清高的隐士，就不会隐居不出了。

姜太公在这里运用的就是『指桑骂槐』之计，目的是起到杀一儆百的作用。访求贤才是治理的关键大事。当初，周文王为了早日灭商，到处访求贤才，终于在渭水的南岸，见到了垂钓的姜太公。姜太公姓姜名尚，又叫姜子牙，他

老家住在东方。祖先在舜时，当过大官，曾和禹一起治水，被封在吕，所以姜太公也叫吕尚。他起初在商朝怀才不遇，但一心想施展自己的才能，结果等到七十多岁，听说周文王广求贤才，他就特地在渭水南岸垂钓等候。周文王与他结识以后，相见恨晚，立即把这位出类拔萃的人物请回宫，拜为太师。于是姜太公以七十多岁的高龄为文王所用，得到了施展才能的机会，完成了灭商的大业，建立了周王朝。如今周王朝初建，为了早日把周朝治理强大，一定要广为搜罗人才，试想如果有才能的人都采取一种避世的态度，隐居不出，不给国家效力，那么会造成多么严重的后果！所以姜太公当机立断，采用此计来为王朝招纳人才扫清道路。使其他的人不敢仿效狂矞，而是出来为国所用。

同时，通过这种手段，消灭不与王朝合作的人，这是姜太公考虑巩固统治的需要。因为王朝初建，他不能让不与朝廷合作的，有才能的人存在世上，成为朝廷可能的隐患。此计的运用，妙就妙在是攻心之术，出人意料之外地杀掉了为人所推重的，有贤名的狂矞，甚至连周公都想不到。这样使臣民心里害怕，知道畏惧，即使不出来为国所用的人，也不有什么妨碍国家的轻举妄动。杀一儆百的意义，即在于此，出其不意地使用此计，起到了重大的威慑作用。

立威慑众齐称霸

春秋时期，管仲相齐。那时正当春秋初期，周王室的势力已经衰微，不仅失去了对诸侯国的控制能力，而且自己也相当于一个二等诸侯国，只不过保持一个『天下共主』的虚名，相反，诸侯国的势力却迅速膨胀。由于经济的发展，诸侯国对别国土地和人民的占有欲更加强烈，于是出现了频繁的兼并战争和大国争霸的局面。春秋初期的诸侯争霸，主要在黄河下游各国之间展开，当时黄河下游的大国有郑、宋、卫、鲁、齐五国，小国则有陈、蔡、邢、谭、遂、纪、莒、杞等。最初中原地区曾出现了郑国独强的局面，但自郑庄公死后，由于发生内乱，郑国的势力便中衰了。由于中原无主，诸侯混乱，又造成异族入侵的局面。在这种形势下，把中原各国联合起来，节制诸侯之间的肆意侵伐，抵御异族的侵扰，以发展中原地区的经济和文化，就是当时客观形势的需要。这就是说，中原需要一个霸主，来代表周天子向诸侯国发号施令。这就看谁的势力最强，谁就能充当霸主的角色。

当时齐国是齐桓公在位。为了激励和帮助齐桓公实现称霸诸侯的目的，管仲深思熟虑，成竹在胸。他首先提出尊周亲邻的总方略，一是采取军事、外交等各种手段使诸侯朝齐，二是令周天子给齐桓公的霸权地位以合法的外衣。为实行总方略，他建议桓公先修内政，后图外事，他献出一整套改革方案，先使齐国国富民安，并且提出『仓廪实而知礼节，衣食足则知荣辱』的著名论断。在军事上，管仲提出要寓兵于民，并提出一套用军器赎罪的办法，在人才选拔方面，提出『匹夫有善可得而举』，从而提高了部分庶民的社会地位。为了保证一系列改革方案的施行，管仲还建议桓公改革中央官制。齐桓公接受这一系列的改革方案，并付诸施行。于是齐国迅速强盛起来。接着管仲想到要齐国称霸于天下，外交策略十分重要。于是提出一套『亲四邻、广结交、以德服天下』的外交策略，并且重新勘察齐国的疆界，把侵占邻国的土地归还给他们，明确标定邻国的边界。这样就安定了四邻，使邻国亲信齐国。管仲还主张积极发展同诸侯国的经济交往，实行『关市几而不征』的政策，即不征收关税和市场税，这样经济上的开放，又取得了政治上的信任，提高了齐国的声誉和威望。当然管仲也清楚地意识到，由于历史的原因和现实的利害冲突，诸侯国之间的矛盾和斗争，是异常激烈和错综复杂的，诸侯国之间的关系，也因此呈现出反复无常的状态，今日是盟友，明日可能就是仇敌，恃强凌弱，大欺小，尚权诈，轻信义，更是普遍现象。因此管仲认为齐国处在这样一种环境中，要想称霸诸侯，光靠行德义是不够的，还必须『示之以武』。所以管仲辅佐桓公称霸的历史，也是一部武力征伐史。其间运用了许多计谋，其目的就是为了使桓公成为令人敬服的霸主。

公元前684年冬天，齐国开始对外用兵，目标是齐国西北边的一个小国谭国，因为齐桓公当年出奔莒国时，曾路过谭国，谭君对他很不礼貌。齐桓公回国即位后，诸侯国都来祝贺，谭国又不来。小小谭国竟敢对齐国如此不恭，何以服天下？所以齐国出兵伐谭，很快把谭国灭掉。但齐桓公『代谭而不有』，就是只征服它，并不贪其地而去占有它，这就达到了使许多小国对齐国『信其仁而畏其武』的目的。公元前682年，宋国发生争夺君位的内乱，第二年三月，齐桓公借周天子名义，邀来宋鲁、蔡、陈、卫、郑、遂、郳等国会盟于北杏，谋划平定宋国内战。但到期前来会盟的只有宋、陈、蔡、郳四国，齐桓公便决定讨伐不尊王命、不来会盟的国家。经过管仲对形势的分析，最后决定先拿鲁开刀，但齐国并没有直接进攻鲁国，而是先出兵鲁国的附庸国——遂国，并很快灭掉了遂国。这明显的是杀鸡给猴看，目的是给鲁国点厉害瞧瞧。因为遂是鲁国的北部邻国，齐灭遂就直接威胁到鲁。当时鲁国在齐国的邻国中是最强的，又曾两次打败过齐国，对齐国从来不大服气。在齐国出兵救燕时，向各国请兵支援，鲁国口头答应，却按兵不

动。因此鲁国是当时齐国通向霸主道路上的主要障碍。但由于齐桓公在管仲的策划下，实行以德报怨的安鲁政策，以免其投靠楚国。一方面努力与鲁修好，归还以前所侵占的土地，以利诱之，于是鲁庄公对齐国既惭愧又感激，所以第二年齐国伐莒，鲁庄公下令全国男丁全部参军入伍，支援齐国伐莒，于是关系有所改善。现在齐国灭掉遂国，对鲁示之以武，给予一定的军事压力。加上鲁国看到许多诸侯国都归附了齐国，感到寡不敌众，所以鲁国就主动与齐修好，与齐在柯结盟。

以上齐国伐谭和灭遂都是用了『指桑骂槐』之计。为了称霸诸侯，齐国必须实行兼并战争，但得师出有名，于是借口小小谭国竟对齐国如此不恭，即借谭的过失灭谭，并以此显示武力。齐国要称霸天下，必须让诸侯国敬服，才能树立威严。灭谭而不吞并其地，借以使许多小国对齐国『信其仁而畏其武』，恩威并重，达到敬服它的效果。灭遂也是一样，找其过失而灭之，但更主要的目的是要杀鸡儆猴，以此慑服鲁国。这是管仲施用『指桑骂槐』之计，使齐桓公迈出实现霸业的关键的一步。通过实施以上策略，齐桓公终于在继位的第七年开始登上霸主的宝座。

齐国称霸后，威望大增，势力迅速发展，连楚国的盟国都归服了齐国，这引起楚国的强烈不满。加上南方的楚国早有向中原扩张势力的野心，因此就接连几次伐郑，来打击齐国在中原地区的势力。于是齐桓公就考虑联合诸侯救郑伐楚，想对屡屡伐郑的楚国来一个出其不意的打击。但在当时的条件下，如何隐蔽自己的战略企图，迷惑楚国，达到攻其不备出其不意呢？恰在这时，齐桓公生活中出现了一个小插曲。原来蔡国曾与齐国修好，为了加深两国关系，蔡侯把自己的妹妹嫁给了齐桓公。有一天，齐桓公和蔡在园中乘船游玩，蔡和桓公闹着玩，故意把船摇得来回晃荡，桓公不会水，怕船翻了，被吓得脸色都变了。他制止蔡，而蔡却故意撒娇不听，把船摇得更加厉害。于是桓公大怒，就打发她回娘家蔡国，以示惩罚，但并没有要和蔡解除婚姻的意思。可是蔡侯却感到受了莫大的侮辱，以为桓公此举就是休妻，一气之下，就把妹妹嫁给楚成王。消息传来，桓公十分恼恨。借此，管仲就提出『以讨蔡之名行伐楚之实』的方略。蔡国与楚国相邻，拿下蔡国，再以迅雷不及掩耳之势，全力攻楚，就可以打楚国一个措手不及。桓公兴兵伐蔡事在情理之中，以此掩盖伐楚企图，不易被楚识破。虽然事情的发展有了变化，伐蔡之后，消息泄露，于是管仲随机应变，灵活地变换方略，决定和楚谈判，以大义责之，使楚国不战而屈服。齐国借口楚国已经二年没有向天子贡献菁茅了，菁茅是一种较长的茅草，是楚国按惯例应向周王室贡献的一种特产植物，祭祀时把菁茅捆成束立在祭坛上，把酒从上面浇下，使酒顺着菁茅下渗于地，以象征神饮酒。这样可以说是为天子而兴兵伐楚，迫使楚国承认不贡菁茅之罪。于是与楚国在召陵订立盟约，表示要共尊天子，友好相处。在这里管仲是又一次成功地运用了『指桑骂槐』之计，以讨蔡之名，行伐楚之实，既伐了蔡，又打击了楚国。

齐国在建立霸业的历程中，多次极为典型地运用『指桑骂槐』之计，以此慑服其他诸侯国，建立威信，达到称霸诸侯，巩固霸业的目的。

齐楚争问鼎中原

春秋五霸之一的齐桓公任用管仲为宰相，治国有方，国富兵强，正想问鼎中原。这时，楚成王杀了淫乱宫女的令尹子元，新任命了斗谷于菟为令尹。斗谷于菟字子文，文武双全，执法严明，并能以身作则，又善于用人，深受楚国人的爱戴。他精心治理国家，改革弊政，首先提出：凡受封者要以半数采邑归还国家，不至使朝臣势力强大而削弱君权。并立即从他自家做起，其余的人不敢不遵守。他又将国都从丹阳（今湖北秭归）迁郢（今湖北江陵），因为郢地可以北控长江、汉水地区，南指湘江流域，是古代兵家必争之地。子文提倡练兵习武，注意选拔人才，以屈完为大夫，以斗章统率军旅，楚国日渐强盛。

楚国的强盛对齐国想称霸中原，当然是个威胁。于是，在公元前681年3月，齐桓公借周天子的名义，邀宋、鲁、陈、蔡、卫、郑、曹、邾（春秋邾国，战国时改为邹）八国会盟于北杏（在今山东东阿县境），想定盟称霸，并以此威慑楚国。但仅有宋桓公御说、陈宣公杵臼、邾子克（邾国是子国，名克）、蔡哀侯献舞来会盟。会盟时，齐桓公约定共同出兵伐不尊王命、不来会盟的鲁国。宋桓公不同意，不辞而别。齐桓公又主张先伐宋，管仲建议：『宋远而鲁近，且王命会盟，鲁抗命不到，不先伐鲁，何以服宋。』因而准备伐鲁。管仲又建议用计慑服鲁国而免动干戈。齐桓公问计，管仲说：『济水东北有一遂国，是鲁国之附庸国，国小且弱，可一举而下。齐攻入遂城（今山东肥城南），鲁国必然害怕，鲁惧必来求我会盟，我可以因此而答应它。宋国见鲁国与我定盟，鲁已服齐，宋亦必然惧我。这就是

攻伐一个遂国，而可制服两国矣！此为「指桑骂槐」的计谋。』齐桓公听管仲说出此计，竟能制服两国，连连称善，就按计而行。

很快，遂国陷落，鲁君害怕，果然遣人送书请求到齐国境内会盟，于是盟于柯（今山东东阿县西南）。会盟后，齐桓公将原来侵占鲁国的汶阳田，退还鲁国，四方诸侯都认为齐国很讲信义。

公元前680年，齐桓公准备伐宋，卫、曹二国为齐国的威力所慑，自动请盟，卫、曹出兵助齐伐宋。时齐桓公于路途中收得谋士戚宁，拜为大夫，戚宁愿以三寸之舌说服宋桓公与齐会盟。戚宁到宋晓以利害关系，宋桓公果然派遣使者随戚宁到齐军中请和。

继而，齐桓公又帮助郑厉公子突复国，于是齐国深受他国的尊敬。公元前679年，齐大会诸侯于幽（今北京城西南），参加会盟的有：宋、鲁、陈、卫、郑、许诸国，齐的霸业初步奠定。

这时，齐国称霸的主要对手就是楚国了。因而齐桓公与管仲再次商议争霸中原的对策。桓公想以『方伯』（即一方之长）的名义，号召诸侯起兵，共同伐楚。管仲说：『楚为南方大国，江汉一带以至南海，为它所有。因能励精图治，所以国富民安，僭号称王。周天子尚不能控制，如用诸侯的军队讨伐他，不是良谋。今天许多小国刚刚慑服于齐国，应当广积威德，不可动辄兴兵，使诸侯不为我用。等待楚国内乱，再借故讨伐，方为上策。』

齐桓公一心想以军威提高霸主的地位，只是见管仲提出的意见有理，方才作罢。沉思良久，才又生一念：不如先讨伐齐国西南方的鄣国（在今山东平阴，一说在今山东诸城）为宜。鄣国为姜太公的子孙，齐国亦是姜太公的后代，故管仲说：『鄣是小国，且又是太公的支孙，灭同姓，是为不义。』管仲想了一会儿又说：『鄣国与纪国毗邻，鄣是纪的附庸国。纪国在齐襄公时，已被攻灭，今可派王子成父率大军巡视纪城，表示将要加兵于鄣国的样子，鄣必畏惧而来降齐。是无灭亲之名，而有得地之实矣！』齐桓公闻之大喜，又按计行事。

纪国与齐国九世有仇，两国交兵，由来已久。这次齐桓公因欲扩张土地，即命王子成父率三百乘战车，向纪城开进，目的在于：大军巡视纪国，降服鄣国。在纪城时，王子成父扬言：『今我桓公多次与诸侯会盟，周天子对他尚且畏惧三分，言无不从。有些小国，还是一个同姓之国，处在齐的眼皮底下，竟敢目无桓公，如再不醒悟，大军到境，将要被踏成齑粉。』鄣国国君闻此言，忙召大臣商议对策：『今齐将王子成父，兵巡纪城，扬言灭鄣，如之奈何？！』众大臣都是只顾家小，不管国亡的小人，就众口同声说道：『齐桓公创建霸业，中原大国尚且岁岁朝贡，我鄣国小城，若与它抗争，无异鸡蛋碰石头，不如请降，尚可保存宗庙，否则国灭人亡，望主公决策。』鄣侯无奈，只好叫人将国中地图绘就，土地、人口清册整理，一并送给桓公，表示愿意投降。齐桓公当然大喜，对众大臣说：『相国谋略，百无一失，真乃寡人之肱股，他的功劳可不小啊！』

第二十七计　假痴不癫①

原文

宁伪作不知不为，不伪作假知妄为。静不露机，云雷屯也②。

按语

假作不知而实知，假作不为而实不可为，或将有所为。司马懿之假病昏以诛曹爽③，受巾帼、假请命以老蜀兵④，所以成功。姜维九伐中原⑤，明知不可为而妄为之，则似痴矣，所以破灭。

兵书曰：『故善战者之胜也，无智名，无勇功。』当其机未发时，静屯似痴；若假癫，则不但露机，且乱动而群疑。故假痴者胜，假癫者败。或曰：假痴可以对敌，并可以用兵。

宋代，南俗尚鬼。狄青征侬智高⑥时，大兵始出桂林之南，因佯祝曰：『胜负无以为据。』乃取百钱自持，与神约：『果大捷，则投此钱尽钱面也。』左右谏止：『倘不如意，恐沮师⑦。』青不听，万众方耸视，已而挥手一掷，百钱皆面。于是举兵欢呼，声震林野。青亦大喜，顾左右，取百钉来。即随钱疏密，布地而贴钉之，加以青纱笼，手自封焉。曰：『俟凯旋，当酬神取钱。』其后平邕州还师，如言取钱，幕府士大夫共视，乃两面钱也。

注释

①假痴不癫：痴，傻子，癫，疯子。装傻而不疯。作为一种权术，装着庸碌无为的样子，掩盖其大的抱负，以

迷惑对手。②云雷，屯：《易经·屯卦》：『象曰：云雷，屯，君子以经纶。』其意是：云雷正在聚结，大雨还未下落。象征事业正处在艰难的准备时期，有智之士应当苦心经营。③曹爽：三国魏人，字习伯，曾掌握兵权。太傅司马懿阴谋夺取兵权，便装出衰弱昏聩的样子。曹爽信以为真，放松警惕。后来司马懿乘机进行兵变，杀了曹爽，夺了兵权。④三国时，诸葛亮率军北伐，蜀、魏大军在五丈原对垒，魏方主帅司马懿固守不战，目的是拖垮蜀军。诸葛亮意在速战，派人送去妇女的头巾、衣物去侮辱司马懿，企图激他出战。司马懿却收下了诸葛亮送来的东西，并上表请魏主派使到军营传谕不战，终于把蜀军拖垮，只得退军回蜀。⑤姜维九伐中原：诸葛亮死后，姜维统帅蜀汉军事。他先后九次北伐，皆劳师无功。后被魏将邓艾、钟会所击败。⑥狄青：北宋大将，1052年，他率兵镇压西南蛮族首领侬智高的叛乱，大胜。⑦沮：丧气，颓丧。沮师，使士气低落、沮丧。

译文

宁可装作不知道而不去做，不可假装知道而胡乱去做。静静地不暴露自己的动机，暗中策划经营。

（按语）假装不知道的，实际上却知道；假装不做的实际上是确实不能去做，或者是将要有所作为。三国时，司马懿假装衰老病昏而杀了曹爽。他在蜀魏对战中，接受了孔明送来污辱他的女人衣物头巾，故意上表请命，坚守不战，从而将蜀军拖垮，所以获得成功。而姜维九次进攻中原，明明知道不可以这样做，却偏偏要轻举妄动，就真像个傻子了，所以他失败了。

兵书说：『所以善于作战的人取得胜利，既没有机智的名声，也没有英勇的战功。』当进攻时机未到时，镇静得如同痴人一样。如果装作疯疯癫癫的，虚张声势，则不仅暴露了自己的动机和目标，而且会因为行动混乱而引起大家的猜疑。所以，装痴的必然胜利，装癫的必然失败。有人说：假痴可以对敌作战，也可以用于治军。

宋朝时，南方人崇拜鬼神。北宋名将狄青征伐侬智高时，大军刚到桂林以南，他就假装拜神祷告说：『这次出兵，是胜是败没有根据。』便取了一百个铜钱和神约定：『若果真能大胜，那么把这些钱扔在地上，钱面都要向上。』左右官员劝他别这样做，并说：『如果不如意，恐怕会使士兵沮丧。』狄青不听，全军将士正在抬头观看之时，他挥手一掷，结果一百个铜钱全部是面朝上。于是全军欢呼，声音震动山林原野。狄青也非常兴奋，回头命令左右侍从拿来一百个钉子，依照铜钱分布的疏密，逐个贴地钉牢，并盖上青纱笼，亲手贴了封条，然后说：『等凯旋后，一定酬谢神灵，收回铜钱。』后来，狄青平定了邕州，率领部队回来，按原先所说的那样，把钱取回。他的幕僚们和随行官员们一看，原来都是一样的双面钱。

经典事例

石碏定计义灭亲

东周末年，卫庄公有三子，长子名恒，次子名晋，三子名州吁。

州吁生性暴戾，喜武谈兵，动辄讲攻讲杀，但庄公非常喜爱他，任其所为，一点也不加禁止。

大夫石碏是正直的人，国人对他很信任。他曾规劝过庄公，说：『凡做父母亲的，对子女要严加教育，不要溺爱过甚，纵得太过必生骄，骄必生乱，这是必然规律。主公若想把王位传给州吁，便马上立他为继承人，不然的话，就要管制他，叫他不要这样横行放肆，免得日后搅出骄奢淫逸的祸患。』

这些话，庄公当作了耳旁风，对州吁的行动，照样不加干涉。

石碏有一个儿子石厚，和州吁的个性一样，好似天生一对宝贝，经常同玩同游，并车去打猎，骚扰民居。石碏看不过眼，将石厚鞭责了一顿，并把他锁在一间空房里，不准他再出外去惹是生非。可是石厚怙恶难驯，野性不改，竟然爬墙跑了，一直躲在州吁府里，不敢回家。石碏没奈他何，只好装聋作哑，把气忍在肚里。

不久，卫庄公死了，公子桓继承了王位，叫做桓公。桓公生性懦弱，毫无主张。石碏见他这样无所作为，而州吁又是那样嚣张，料定将来一定会生乱子，于是借口年老，辞职归家躲起来，对朝政不理不问。这样一来，州吁更加肆无忌惮了，日日夜夜和石厚商量怎样去夺取王位。

适巧周平王死了，太子即位，这是国家的一件大事，各地诸侯要亲往去吊唁，卫桓公也整装准备入朝去。石厚见到这个机会，欢天喜地对州吁说：『大事可成了，这一个难得的机会，千万不要放过！』

『有什么计划没有呢？』州吁问。

『当然有啦！』石厚接着说：『明天不是桓公要起程入朝吗？你可设宴在西门外，假意给他饯行，预先埋伏五百

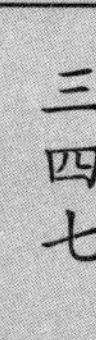

名勇士在门外，敬酒的时候，乘机把他杀死。如有哪一个不服从的，立即将他消灭，这样你就唾手可得王位了。』

州吁顿时眉飞色舞起来，着令石厚去部署一切。

次日一早，桓公便出发了，州吁把他迎入公馆里去，筵席早已摆好，客气一番之后，州吁便躬身向桓公敬酒，说：『兄侯远行，臣弟特备薄酒与兄侯饯别！』

桓公说：『又叫贤弟费心了，我此行不过个把月就可以回来了，敢烦贤弟暂时代理朝政，小心在意！』

『兄侯放心，小弟会特别小心！』州吁说完，忙斟满一杯酒，奉给桓公，桓公一饮而尽，亦斟了杯酒回敬州吁，州吁双手去接，诈为失手，酒杯跌落于地，慌忙拾取，亲手把杯子洗涤，桓公不知这里有阴谋，叫左右另取一只酒杯来，想再敬州吁一杯，州吁乘机跳到桓公背后，掏出刀子，向桓公背后猛刺，桓公便这样当场被杀死。

随行的臣子大吃一惊，但平时已知道州吁的武功非同一般，石厚又引军把公馆团团围住，自知不能反抗了，只好投降归顺。

州吁很快就把桓公的尸体埋葬好，向外界说是得了急症暴卒的，自立为君，拜石厚为上大夫，他的二哥公子晋着了慌，也逃到邢国去求政治庇护。

州吁即位三天，听到外边沸沸扬扬，都在传说他弑兄夺国的事，因此又和石厚商议起来，他说：『你听见外面的话没有？全国人民都在说我的坏话了。看来，惟有施展武威向邻国打它一次胜仗，借此来压制国人的反抗情绪。你说

应向哪一个国家动兵呢？』

『那自然要攻打郑国，郑国侵略过我国，正好趁机报仇雪耻！』石厚很高兴地回答。

他们计议停当，立即动员向郑国发动攻势，在五天内果然打了一个胜仗，石厚便下令班师。

『为什么？』州吁惊讶地问，『大军还未接触就要班师？』

石厚请州吁屏退左右，秘密地告诉他：『郑国的兵素称强悍，我们没有什么胜利把握，现在打了个小胜仗，足可以向国人示威一番了。何况主公登位未久，国事未定，若久留在外，恐怕国内有变乱呢！』

『你真想得周到，我还没有考虑到这一点哩！』

于是石厚得意洋洋地下令班师，叫兵士沿途高唱凯歌，拥着州吁浩浩荡荡地班师回朝。

可是，国人仍然不拥护他们，还到处作冷嘲热讽的咒骂。

『打了胜仗回来，国人还是不服从呢，还有什么办法？』州吁又请教石厚说。

『那只有这样：我父亲是一个正直的人，国人对他很尊重，不如主公把他再征入朝，给他一个重任，国人一定没有话说了。』

『对！我几乎忘记了。』

州吁即命人带来了很多名贵的礼物去聘石入朝议事。

石推辞说：『我年老了，病又一天天地重下去，就是上朝也行不得了。……』州吁又问石厚：『你父亲已托病不肯入朝，我想亲身去向他请教一个办法好不好？』

『主公亲往，他也未必愿见，还是我回家去一趟，代公先说句好话，看他的意思怎样！』

石厚于是回家去了，石问他：『新主要召见我究竟为着什么？』

石厚告诉父亲，说：『就因为国人对新主没有好感，诚恐王位不稳，故想请父亲决一良策！』

『这有什么困难？』石说，『凡是诸侯即位的，必先廪告王朝才算真王，如果新王能得到周天子的诰命，国人还会说什么呢？』

『这意见十分好，但现在无人能入朝去，恐怕天子会起疑心，最好先派一个能在天子面前说得着话的人去疏通一下，但谁可担当此任呢？』石厚说完，向父亲投下希望的一瞥。

『那还不容易！』石抖擞一下精神说，『目前周天子最相信的是陈国的桓公，只消他一说，包会成功。如果新主能亲往陈国走一趟，央陈桓公帮帮忙，这件事绝不会让人失望的。』

石厚把这番话告诉州吁，州吁不胜欢喜之至，立即备好礼物，带了石厚到陈国去。

石和陈国的大夫子鍼很是相好，他见机会来了，乃割指沥血写了一封信，托一个心腹带往陈国，秘密交给子鍼，托他转呈陈桓公。陈桓公拆开信，这样写着：

『外君石碏百拜致书陈贤侯殿下：卫国不幸，天降重殃，竟出弑君之祸。此虽逆弟州吁所为，实臣之子石厚贪位助桀。二逆不诛，乱臣贼子行将接踵于天下矣。老夫年迈，力不能制，负罪先公，今二逆联军入朝上国，实出老夫之谋，幸上国拘执正罪，以正臣子之纲，实天下之幸，不独臣国之幸也。』

陈桓公看罢，便问子鍼：『你看这件事咋办？』

子鍼毫不考虑地回答：『我国和卫国素相亲睦，守望相助。卫国的不幸，亦即我国的不幸，他们来，乃是自投罗网，切不能放他们回去！』『好，就这么办！』

于是便定下擒州吁之计。

州吁和石厚威风凛凛地到了陈国，陈国桓公特派公子佗出郭迎接，安置他们在一间华丽的馆舍里，致陈侯仰慕之意，并请第二天在太庙里接见。州吁见主人这么殷勤客气，心里非常欢喜。

翌日，太庙上摆设得肃穆堂皇，陈桓公站在主位，左右文官武将排列得很整齐。

大夫子鍼先陪石厚到来，一上石阶，石厚一眼瞥见门口竖立一个白牌，写着『为臣不忠，为子不孝者，不得入此庙』十四个大字，顿时心里一怔，回头问子鍼：『立这个牌是什么意思？』

子鍼很有礼貌地向他解释：『这是上几代立下来的规矩，已经有几十年了。』

石厚才把心放下。不一会，州吁驾到，站在宾位，赞礼的高唱，请入庙去行礼。州吁把衣冠一整，方要鞠躬行礼，子鍼大声高呼：『奉周天子命令，擒拿弑君贼州吁、石厚两人，余人俱免！』

话声未完，已先把州吁拿住，石厚急忙拔剑想抵抗，一时着急，拔不出鞘，只得空格斗，打倒了几个人，但埋伏在左右壁厢的武士一拥而上，把石厚也捆绑起来。

门外的车马随后，一时不知所措，子鍼出去向他们抚慰一番，并当众宣读石的信。大家才知道是卫大夫石主谋，便一哄而散，跑回卫国去。

陈桓公想将州吁、石厚就地正法，左右臣子却异口同声说：『石厚乃石的亲生子，况且这件事又是他策划的，未知他的意思怎样，不如请他自己到来，把两人交还给他亲自处置好了，才可以避免误会。』于是把州吁和石厚分别监禁起来，连夜使人到卫国去通知石。

石自从告老居家之后，未曾出过门口半步，今早见陈国有使命到，心里便明白一切，即令人驾车伺候，准备上朝，再派人通知各文武官员出朝相见。

各官员见石破例要上朝议事，很是惊奇，便怀着焦急疑惑的心情齐集在一起，石到来了，当众宣读陈侯的来信，谓州吁和石厚已被陈国拘禁了，专等卫大夫亲自发落。

『各位都明白一切了，要怎样处置这个忤臣逆子？』石问。

『这是国家大计，全凭国老主张是了。』群臣齐声答。

石继续说：『两个逆徒罪恶昭彰，俱杀无赦！不明正典刑，何以谢先灵？有谁肯到陈国去诛两逆贼？』

右宰丑站了出来说：『乱臣贼子，人人得而诛之，州吁此畜生，我去解决他！』

有几位大臣跟着说：『主谋人州吁明正典刑是天公地道，但从犯石厚，似可以从轻发落——』

话未说完，石将把眼一睁，拍案大叫起来：『州吁之恶，皆由逆子所酿成，各位说要从轻发落，岂不成怀疑老夫徇私？我要亲自去，亲手杀此不忠不孝的逆贼！』

家臣獳羊肩连忙说：『国老不必发怒，我愿意去执行国老的命令！』

他两人赶到陈国，谢过陈侯，先后去执行任务。先把州吁押赴市曹，州吁对右宰丑说：『我是君，你是臣，安敢犯我？』

右宰丑说：『你兄长为君，你为臣，你却把他刺死了，我现在不外跟你学一学罢了。』

说完，一刀下去，州吁顿时身首异处。

獳羊肩把石厚押出来，石厚向他求情，说：『我自己是知道死有余辜的了，但事到如今，只请你把我押回卫国去，见父亲的最后一面，然后就死！』

獳羊肩说：『我奉你父亲命令而来，着即就地正法。你如要见见父亲，我带你的头回去见见好了！』

不由石厚再说，一刀从脖子里擦过去，什么都完结了。

佯疯癫孙膑脱险

年青时的孙膑与庞涓，都投在鬼谷子门下学习兵法，两人不仅是同窗好友，还曾结为八拜之交。可是庞涓表面上与孙膑交好，为人却刻薄妒忌。他自知自己的才能远逊于孙膑，所以暗地里早就妒火中烧。学成之后，庞涓先下山到魏国做了将军，深得魏惠王的宠信，声名显赫起来。这时墨子周游列国到了魏，在魏惠王前举荐了孙膑，于是孙膑被任为客卿。这时庞涓深怕孙膑在魏国对自己是严重威胁，如此人得以施展才能，得到重用，会妨碍自己的前程，因此处心积虑打算置孙膑于死地。他经常在魏惠王面前说孙膑是身在魏国，心在齐国，有里通外国之嫌。随后骗得孙膑的亲笔书信，窜改了内容，献给惠王作为证据。惠王信以为真，就让庞涓问罪。庞涓对孙膑施用了膑刑，破掉了他的两块膝盖骨，使孙膑再也无法站立起来，成了废人，还给他脸上刺了字。只是为了骗他写出鬼谷子注释的《孙子兵法》，才留他一条活命。孙膑遭到这样的迫害以后，起初还受庞涓的假面所蒙蔽，为他写下老师私下秘授的《孙子兵法》。幸亏有个庞涓的家丁把事情真相都明白告诉了他，孙膑这才恍然大悟，认清了庞涓的真面目。可是这时他身陷险境，肢体残废，怎么能够摆脱加害呢？他心生一计。当晚只见他突然昏倒在地，忽而大哭，忽而大笑，口中念念有词，却又语无伦次，把写下的兵法统统烧掉，还对庞涓叩头不止，拉住他叫鬼谷先生。这时庞涓生怕有诈，所以让人把孙膑拖到猪圈里，虽污秽不堪，可是孙膑倒头就睡，并且抓起猪粪和泥土就往嘴里送。这使庞涓相信了他是真的疯了，于是慢慢失去戒心，不再严密监视他了。而孙膑以猪栏为家，检污物为食，披头散发，衣不蔽体，时出时入，时哭时笑，一直等到齐国使臣到魏国去时，才悄悄救孙膑逃离魏国。当时庞涓还以为孙膑投水死了，根本没有怀疑到他是逃走了。

当初庞涓以为孙膑从此不能站起来了，而且已经成了疯癫废人，这样就再也不能对自己形成威胁了。可是孙膑在绝境之中，运用了假痴不癫之计，他佯装作疯癫，以此麻痹了庞涓，使他认为孙膑的一生真的就这么全完了。实际上孙膑正是以此计，迷惑住庞涓，留得青山在，立志忍辱负重，伺机报仇，决心在将来的战场上一展身手，与之较量高低。他坚强地活了下来，忍受了难以想象的奇耻大辱。他知道，只要保全了性命，满腹的才学和韬略，必将有用武之地。正是假痴不癫之计，使他得以保全自己，以屈求伸，待机而发。他在逃出魏国回到齐国以后，终于得到显示才华的机会。

当时魏国非常强大，魏惠王成为继魏文侯、武侯之后的诸侯领袖。而齐国素称东方大国，曾有着称霸诸侯的历史。齐威王即位后，他是个雄心勃勃的君主，整顿内政，招纳贤才，使国力很快强盛起来，具备了与魏争霸的条件。而孙膑回到齐国正是这个时候。他首先受到大将田忌的赏识，言听计从。通过赛马，孙膑一鸣惊人。田忌乘机把他推荐给齐威王。他的才智使齐威王极为赞赏，所以马上就拜为军师。

周显王十五年（前354），魏惠王命庞涓为主将，起兵伐赵，包围了赵国都城邯郸，形势非常危急。赵国向齐国求救。孙膑感到他大展才能的机会来了。于是他运用避实击虚、攻其必救的原则，创造了围魏救赵的战略，率齐军

直捣魏都大梁。他估计到庞涓一听国都被围，会马上回师，便以齐军主力在其途中必经之地桂陵事先埋伏好，大败魏军。这是孙膑以假痴不癫之计得以脱身后，第一次教训了庞涓，挫败了魏国。

公元前341年，魏国怪罪韩国背叛，没有参加逢泽会盟，就出兵攻打韩国，韩国向齐国求援。齐王出兵，孙膑仍作为军师随军出发。这时魏军的主将庞涓得知齐军又进攻大梁，就回军尾随其后，追击齐军。孙膑巧妙地运用减灶示弱的计谋，引诱魏军紧追不舍，他埋伏主力军队于马陵地区的山谷之中，准备一举全歼魏军。孙膑特命人在路旁大树上写下八个大字：『庞涓死于此树之下』，又命埋伏好的弓箭手，待一见火把就乱箭齐发。而庞涓果然不出孙膑所料，天刚黑，领兵进入马陵道，一直追至大树底下，并命人点起火把照亮树上字迹，此时齐军弓箭手乱箭齐发，魏军死伤无数。庞涓也身中数箭。他自知中计，斗不过孙膑，愤愧拔剑自杀。这一仗大获全胜，是历史上著名的马陵之战。从此，魏国失去了霸主的地位。而孙膑不仅报了自己的深仇大恨，而且使齐威王代魏惠王成为诸侯领袖，齐国得到霸主的地位。孙膑以此名垂千古。

孙膑在政治上军事上获得极大成功，都是因为他具有出色的智谋和才干。而假痴不癫之计的运用，是他在政治上处于极为危险的境地时，采用的政治韬晦之术，通过装疯卖傻来隐藏自己，保全性命，以此避免政敌庞涓对自己的进一步追害。采用这一计谋，孙膑经过周密的考虑，因为只有这样，才能使庞涓真正失去对他的戒心，放松对他的警惕和管制，以便伺机逃生。而庞涓也果然中了他的计，真的以为他是疯了，而没有杀掉他。并且放松警戒，使孙膑得

以逃出了魏国，最后，孙膑这个刑余之人，在齐国大展才华，终于在战场上与庞涓一决雌雄，成就了显赫的功业，名垂史册。所谓『大丈夫能屈能伸』，孙膑假痴不癫之计的运用，说明他有出众的智谋，同时也具有极为坚毅的忍耐精神，不如此，是不能获得此计的成功的。惟有外表癫狂，内心极为冷静和沉着的人，才能出色地运用此计，在狡猾狠毒的政敌的眼皮底下，达到保全性命的目的，并且终于实现了自己的远大抱负。

孙膑所采用的这一假痴不癫之计，颇类似于苦肉计。但这是他在生命攸关的时候，急中生智而想出的绝妙之计，如果不运用此计，他就无法幸免于难，而后来的赫赫事功，也就无从说起。这是一位极具智慧理性的人，运用奇计脱离险境，绝处逢生的突出事例。

孙膑精心研读《孙子兵法》，所以他能够成功地运用假痴不癫的计谋。孙子云：『能而示之不能』。意思是说本来是有能力的，但是却伪装作没有能力，通过掩藏真实的情况，制造假象蒙蔽敌人，麻痹敌人，使敌人上当受骗，达到战胜对方的目的。孙膑假痴不癫妙计的运用，是对《孙子兵法》的发挥，而他在马陵之战中，通过减灶以示弱，诱庞涓紧追不舍，最终战胜了庞涓，运用的也还是这一示弱的奇谋妙计。

通过伪装生病麻痹政敌，造成政敌判断和行动的失误，使自己掌握有利时机，置敌于死地。

相如退让交廉颇

公元前275年，秦王派使者通知赵王，愿意在黄河边的渑池友好相会。赵王不想赴会，廉颇、蔺相如建议说：

『大王若是不去，就显得赵国懦弱而又胆怯。』赵王于是决定前往，由蔺相如随行。廉颇送到边境，与赵王告别时说：『大王此行，估计加上路上的时间，到会议仪式全部结束，不超过三十天就会回来，如果超过三十天您还没有回来，请允许我们立太子为赵王，以断绝秦国的念头。』赵王同意。渑池相会，秦王与赵王饮酒。酒兴之间，秦王请赵王表演鼓瑟，赵王欣然演奏。蔺相如也请秦王敲击瓦盆来助兴，秦王却不肯。蔺相如厉色说道：『在五步之内，请让我刎颈以血溅大王！』秦王左右侍从想上前杀死蔺相如，蔺相如怒目喝斥，左右侍从都不敢行动。秦王只好非常不情愿地敲了一下瓦盆。直到酒宴结束，秦国终不能对赵国提出非分的要求。再加上赵国人也早有大军戒备，秦国终于不敢轻举妄动。赵王回国，加封蔺相如为上卿之职，地位在大将军廉颇之上。廉颇不满地说：『我作为赵国大将，有攻城野战之功，蔺相如原来不过是下层小民，仅以能说善辩竟然位居我之上，我实在感到羞耻，咽不下这口气！』便宣称：『我遇到蔺相如，一定要当面羞辱他一番！』蔺相如听说后，不愿意和他相遇。每逢上朝，常常请病假，不去和廉颇争名位高低。出门在外，远远望见廉颇的车驾，便令自己的车马回避。蔺相如的门客下属都感到十分羞耻。蔺相如对他们说：『你们看廉将军的威严比得上秦王吗？』回答都说：『比不上。』蔺相如说：『面对秦王那么大的威势，我都敢在大庭广众之下叱责他，羞辱他的群臣，我虽然无能，难道单单害怕廉将军吗？我是考虑到：强暴的秦国之所以不敢大举进犯赵国，就是因为我和廉将军在。我们两虎相争，必有一伤。我所以避让，是先考虑到国家的利益后才去考虑个人的私怨啊！』廉颇听说了这番话，十分惭愧，便赤裸着上身绑上带刺的荆条到蔺相如府上去请罪，两人从此结为生死之交。

蔺相如以国家大事为重，以假痴不癫之计回避将相矛盾，从而使将相好和，共同修筑了赵国的文武长城。